ANKOMMEN!

So lernen Menschen aus aller Welt richtig Deutsch!

BAND 1: Lehrbegleitbuch A1/A2
Deutsch als Fremdsprache

von Elke Günzel

ANKOMMEN!
Band 1: Lehrbegleitbuch A1/A2
Deutsch als Fremdsprache
von Elke Günzel

Begleitband zum Lehrbuch A1/A2
Band 1 von 3 Bänden.
Als Begleitmaterial ist außerdem erhältlich:
Übungsbuch und Grammatik ein- und
zweisprachig, sowie ein Lehrbegleitbuch.

ISBN 9 - 789 403 - 623 689

Vollständige Überarbeitung des Lehrwerks „Ankommen in Deutschland", Elke Günzel

Ein „Lehrbegleitbuch" gab es in der alten Ausgabe nicht. Nur das Hörverstehen, die Ausspracheübungen und die Tests gab es in einem Ergänzungsband. In dieser Neuausgabe hingegen gibt es komplette Stundenvorbereitungen zum gesamt Lehrwerk.

Umschlaggestaltung: Arthur Otte

Inhaltsverzeichnis

Kapitel 1

Kapitel 2

Kapitel 3

Kapitel 4

Kapitel 5

Im Übungsbuch befindet sich nun ein Mustertest für den Deutsch-Test-für-Zuwanderer, der als Abschlusstest des 1. Bandes dienen soll.

Das Audiomaterial

Kostenlose Audiodateien gibt es unter:

ankommen.elkeguenzel.de/dl

Kapitel 1 - Wie fängt es an?

Wie jeder Sprachkurs, so fängt auch dieses Lehrwerk mit dem Kennenlernen an. Die Teilnehmer stellen sich gegenseitig vor und so auch die vier Familien, die die Lernenden in diesem Lehrbuch begleiten sollen: Familie Moreno aus Spanien, Familie Jonosa aus Burkina Faso, Familie Hoffmann aus Russland und natürlich eine deutsche Familie, die Familie Müller der Deutschlehrerin.

Es gibt in diesem Lehrwerk immer genügend Lesetexte, so dass der gerade neu gelernte Wortschatz auch in anderem Kontext wiedererinnert wird und damit auch die Lernenden, die schon ein wenig weiter mit dem Deutschen sind, etwas dazulernen. Also begegnen wir in einem Dialog bereits im ersten Abschnitt Familie Jonosa und Familie Moreno noch einmal auf der Straße beim Eis essen.

Das Alphabet in Druck- und in Schreibschrift im zweiten Abschnitt ist vor allem für all die Lernenden, die in ihrem Herkunftsland eine andere Schrift hatten und sich nun umstellen müssen. Gleichzeitig geht es um erste Alltagskompetenzen in Deutschland, wenn Frau Hoffmann zur Post geht und Briefmarken kauft und Postleitzahlen nachschlägt. Auf diese Weise wird auch das Lesen der Zahlen eingeübt. Der Anruf bei der Auskunft lässt das Lesen von Telefonnummern üben.

Im letzten Abschnitt gewinnen die neu Angekommenen eine erste Orientierung mit einer Deutschlandkarte. Die Namen von Städten, Seen, Flüssen machen sie mit dem Land bekannt.

Im Übungsbuch und im Grammatikbuch geht es um erste Strukturen, die das Sprechen überhaupt erst ermöglichen. Personalpronomen und Fragewörter im Wortschatz helfen weiter. In der Grammatik geht es zunächst um die Verben „kommen" und „heißen" und das richtig konjugierte Benutzen derselben. Das wird im Übungsbuch das erste Mal trainiert. Die Gegenstände im Kursraum machen einen ersten spielerischen Umgang mit Nomen möglich. Dabei sollen bereits die richtigen Artikel benutzt werden. Schließlich können die Teilnehmer die Schreibschrift und das Lesen und Schreiben der Zahlen im Übungsbuch vertiefen. Das korrekte Ausfüllen eines Überweisungsfomulars auf der Bank machen das Lernen für den Alltag sinnvoll.

Zu allen Übungen gibt es immer am Ende des Übungsbuches Lösungen zur Selbstkontrolle!

Das Lehrerbegleitheft bietet neben Vorschlägen zur Unterrichtsgestaltung in tabellarischer Form auch Hörtexte mit Aufgaben, phonetische Übungen und zu jedem Kapitel einen Wiederholungstest mit Lösungen. Im 1. Kapitel gibt es sogar Vorschläge für Tafelbilder.

Abkürzungen:
LB = Lehrbuch, ÜB = Übungsbuch, WS = Wortschatz, GR = Grammatik, LE = Lehrerbuch.

Thema des Tages: Wir lernen uns kennen

Kompetenzen:
thematisch: sich und andere vorstellen
grammatisch: Verben im Präsens konjugiert benutzen

	Material	Thema und Unterrichtshandlung	Sozialform	Phasen / Ziele / Kompetenzen
1. Stunde 90 Min.		Erste Vorstellungsrunde nach Teilnehmerliste. Was sehen Sie auf den Bildern?	kurze Schülervorträge	Sich vorstellen, bereits erworbene Kenntnisse aktivieren
	LB S. 14-23 Tafel	Was sehen Sie auf den Bildern? Wörter, die für den Lesetext wichtig sind, werden an die Tafel geschrieben, z.B.: Sprachkurs, Lehrerin, Beruf, Frau, Mann, Kinder, kommen aus, heißen, sich vorstellen	Lehrer-Schüler-Gespräch im Plenum	Anbahnung, Wörter für den Lesetext lernen, Lesetext vorbereiten.
	LB S. 14-23	Text in verteilten Rollen mehrmals vorlesen, Aussprache korrigieren und üben, Bedeutung von Wörtern, Sätzen, Aussagen klären.	Schüler lesen im Plenum, Lehrer hilft.	Erste Lesekompetenzen, erstes Textverstehen.
	LB S.23 Ball	Schüler werfen sich einen Ball gegenseitig zu und stellen sich vor. (Anleitung im Lehrbuch)	Schüler-Schüler-Gespräch (Spiel)	Sich vorstellen, neue Gesprächsmuster ausprobieren.
Kurze Pause Vorbereitung der Lose	LB S.24 Hut, Lose	Schüler befragen sich gegenseitig um sich später vorzustellen. (Anleitung im Lehrbuch)	Partnerarbeit	Sich befragen, neue Gesprächsmuster einüben.
		Kaffeepause		
2. Stunde 90 Min.	LB S.24	Partner werden vorgestellt.	Präsentation	Andere vorstellen, neue Gesprächsmuster einüben.
	WB S.6	Personalpronomen und Verben lesen und sich gegenseitig abfragen.	Lernpartner gleicher Herkunftssprache arbeiten zusammen.	Vokabeln lernen: Personalpronomen und Verben.
	GR S.7	Regeln zum Verb lesen und sich gegenseitig die Konjugationen abfragen, Lehrerin geht in jede Gruppe und hilft und korrigiert beim ersten Konjugieren der Verben.	Lernpartner arbeiten zusammen,	Grammatische Struktur des Verbs verstehen und Konjugation üben.
		Kaffeepause		
3. Stunde 90 Min	ÜB S. 12 Übung 1 und 2	Schriftliche Übungen zur Konjugation der Verben und zum Üben der Gesprächsmuster	Einzelarbeit	Sicherung: Grammatische Strukturen, Wortschatz und Gesprächsmuster.
	LB S. 27	Papier, Farben, Fotoapparat. Jeder stellt einen eigenen Steckbrief her. Diese werden aufgehängt. (Anleitung im Lehrbuch)	Einzelarbeit	Sicherung: Sich vorstellen.

Thema des Tages: Gegenstände

Kompetenzen:
thematisch: Smalltalk auf der Straße, Floskeln
grammatisch: Nomen mit richtigem Artikel benutzen (Genus und Numerus)

	Material	Thema und Unterrichtshandlung	Sozialform	Phasen / Ziele / Kompetenzen
1. Stunde 90 Min.	Portraits	Die gestern erstellten Portraits werden aufgehängt. Jeder liest seines vor.	kurze Schülervorträge	Wiederholung: gestern erworbene Kenntnisse aktivieren.
	Hören 1	Hörtext mit Aufgaben aus dem Lehrerheft S. 9 Zunächst mehrmals hören und dazu in Einzelarbeit Aufgabenblatt (Kopiervorlage S.9) lösen. Anschließend kann die Transkription in Kopie als Lösungsblatt verteilt und dann verglichen werden.	Einzelarbeit und gemeinsame Kontrolle der Aufgabe.	Wiederholung der gestern erworbenen Kompetenzen, außerdem: Hörverstehen üben.
Kurze Pause	LB S.28	Was sehen Sie auf den Bildern? Wörter, die für den Lesetext wichtig sind, werden an die Tafel geschrieben, z.B.: Eis kaufen, nicht teuer, die Kinder bekommen ein Eis eine Frau kommt	Lehrer-Schüler-Gespräch im Plenum	Anbahnung, Wörter für den Lesetext lernen, Lesetext vorbereiten.
	LB S.28	Text in verteilten Rollen mehrmals vorlesen, Aussprache korrigieren und üben, Bedeutung von Wörtern, Sätzen, Aussagen klären.	Schüler lesen im Plenum, Lehrer hilft.	Erste Lesekompetenzen, erstes Textverstehen.
	LB S.29	Schüler befragen sich gegenseitig. Am Ende liest ein Paar die Frage und die Antwort vor.	Partnerarbeit	Sich befragen, neue Satzstrukturen einüben.
		Kaffeepause		
2. Stunde 90 Min.	GR S.8 WD S. 7,8	Regeln zum Nomen lesen. Im Wortschatz Nomen lernen und sich gegenseitig abfragen. Lehrerin geht in jede Gruppe und hilft.	Lernpartner gleicher Herkunftssprache arbeiten zusammen.	Grammatik (Nomen) verstehen und Vokabeln lernen.
	ÜB S. 15/16 Übung 3-5	Schriftliche Übungen zu Sprechmustern und zu den Nomen.	Einzelarbeit	Sicherung: Grammatische Strukturen und Sprechmuster.
		Kaffeepause		
3. Stunde 90 Min	ÜB S. 15-19, Übg. 6 Scheren	Memory-Karten ausschneiden und in Briefumschlägen aufbewahren, damit man öfter spielen kann. Regeln klären, Spiel mehrmals vormachen. In kleinen Gruppen nach Spielanleitung aus dem Übungsbuch spielen.	Lehrer macht im Plenum vor. Gruppen bilden. Spiel in Gruppen.	Sicherung: Artikel der Nomen. Vertiefung: Weitere Nomen lernen, die im Sprachkurs alltäglich vorkommen.

Hören 1: Kennen lernen
Transkription Hörverstehens-Text

HA1

Familie Krause und Herr Kunze sitzen im Zug.
Sie lernen sich kennen.
Frau Krause: Guten Tag. Mein Name ist Krause.
Herr Kunze: Guten Tag. Ich heiße Kunze.
Frau Krause: Woher kommen Sie?
Herr Kunze: Ich komme aus Berlin. Und woher kommen Sie?
Frau Krause: Ich komme aus Magdeburg. Das ist mein Mann, Hans Krause.
Herr Krause: Guten Tag. Oh, sie haben Kinder?
Herr Kunze: Ja, das ist Max. Er ist zwei Jahre alt. Das ist Lena. Sie ist fünf Jahre alt. Haben Sie auch Kinder?
Frau Krause: Ja, wir haben drei Kinder. Moritz ist fünf. Er geht in den Kindergarten.
Jana ist neun, Nina ist sieben. Sie gehen in die Schule.
Herr Kunze: Was sind Sie von Beruf, Herr Krause?
Herr Krause: Ich bin Krankenpfleger. Und was sind Sie von Beruf?
Herr Kunze: Ich bin Ingenieur.

Hören 1: Kennen lernen
Arbeitsblatt (Kopiervorlage)

Im Zug

1. Wie heißt sie? Sie heißt ....
2. Wie heißt er? Er heißt ....
3. Woher kommt er? Er kommt aus ....
4. Woher kommt sie? Sie kommt aus ....
5. Wie heißt ihr Mann? Er heißt ....
6. Haben Herr und Frau Kunze Kinder? Ja, sie ....
7. Wie alt ist Max? Max ....
8. Wer geht in den Kindergarten? ....
9. Wie alt ist Lena? .... fünf ....
10. Wie alt ist Jana? .... neun ....
11. Wie alt ist Nina? ....
12. Wer geht in die Schule? ....
13. Was ist Herr Krause von Beruf? Herr Krause .... Krankenpfleger.
14. Was ist Herr Kunze von Beruf? Herr Kunze.. .

Hören 2: Auf der Straße
Transkription Hörverstehens-Text

HA2

Frau Krause und Frau Kunze sehen sich auf der Straße.
Frau Krause: Hallo, Frau Kunze. Wie gehts'?
Frau Kunze: Danke, gut, und wie geht es Ihnen?
Frau Krause: Auch gut, danke.
Frau Kunze: Das ist meine Tochter Lena.
Frau Krause: Hallo Lena. Wie geht es dir? Kommst du aus dem Kindergarten?
Lena: Ja. - Mama, bekomme ich ein Eis?
Frau Kunze: Ja. du bekommst ein Eis.
Lena: Au ja! Vielen Dank!
Frau Krause: Einen schönen Tag noch.
Frau Kunze: Danke, ebenfalls.

....

Hören 2: Auf der Straße
Arbeitsblatt (Kopiervorlage)

Hörtext 2
Auf der Straße

1. Frau Krause: Hallo Frau Kunze. .... geht's ?

2. Frau Kunze: Danke, ...und wie .... es Ihnen?

3. Frau Krause: ....

4. Frau Kunze: Das ist meine ....

5. Frau Krause: Hallo, ... dir?

   .... du aus dem Kindergarten?

6. Lena: Ja. Mama ....ich ein Eis?

7. Frau Kunze: Ja, du .... ein Eis.

8. Lena: Au ja! ....!

9. Frau Krause: Einen .... noch.

10. Frau Kunze: Danke, ...

Thema des Tages: Buchstaben und Phonetik

Kompetenzen:
thematisch: deutsche Mädchen- und Jungennamen kennen lernen
phonetisch: Aussprache üben

	Material	Thema und Unterrichtshandlung	Sozialform	Phasen / Ziele / Kompetenzen
1. Stunde 90 Min.	Hören 2	Hörtext mit Aufgaben aus dem Lehrerbuch. Zunächst mehrmals hören und dazu in Einzelarbeit Aufgabenblatt (Kopiervorlage S.10) lösen. Anschließend kann die Transkription in Kopie als Lösungsblatt verteilt und dann verglichen werden.	Einzelarbeit und gemeinsame Kontrolle der Aufgabe.	Wiederholung der gestern erworbenen Kompetenzen, außerdem: Hörverstehen üben.
	LB S.30/31	Namen vorlesen und nachsprechen lassen. Auf Aussprache achten!	Lehrer-Schüler-im Wechsel	Aussprache üben.
Kurze Pause	LB S.30/31	Quiz-Spiel machen zum Beispiel mit dem Ball oder in zwei Gruppen mit Punkteverteilung oder wie in einer Quiz-Show.	Plenum (Spiel)	deutsche Mädchen- und Jungennamen kennen lernen und Aussprache üben.
		Kaffeepause		
2. Stunde 90 Min.	ÜB S.12, Übg.6, S.14, Übg. 9, 10 WB S.7	Regeln zum Nomen lesen. Im Wortschatz Nomen lernen und sich gegenseitig abfragen. Lehrerin geht in jede Gruppe und hilft.	**BINNENDIFFERENZIERUNG!** Wer die Schreibschrift noch nicht beherrscht, übt Schreiben mit Übung 6. Die anderen üben das Buchstabieren nach Übung 6 und machen die Übungen zur Phonetik und Orthographie 9/10. Außerdem Vokabeln S.7	Die Schreibschrift lernen und/ oder das Buchstabieren. Die wesentlichen Merkmale der Aussprache im Deutschen kennen und richtig aussprechen.
		Kaffeepause		
3. Stunde 90 Min	Tafel (in der Pause vorbereiten)	Spielerisch (Ball, Lose oder zwei Gruppen) die Konjugation der Verben und die Artikel (Geschlecht) und Pluralbildung der Nomen wiederholen. Anschließend kann auch das Memory-Spiel in kleinen Gruppen wiederholt werden mit der erschwerten Regel: Nomen buchstabieren (vergleiche Spielanleitung ÜB S.11).	Plenum (Spiel)	Wiederholung: Reaktivieren der in den letzten beiden Tagen erlernten grammatischen Strukturen.

Nomen:
Sprachkurs, Lehrer, Lehrerin, Name, Mann, Herr, Frau, Kind, Sohn, Tochter, Vater, Mutter, Bruder, Schwester, Jahr, Schule, Kindergarten, Tagesmutter, Beruf, Ingenieur, Arzt, Buch, Suppe, Mädchen, Haus, Maus, Lampe, Tisch, Stuhl, Löffel, Tasse, Kaffeemaschine, Ordner, Schnellhefter, Heft, Spitzer, Bleistift, Block, Tür, Fenster, Wand, Mülleimer, Füller.

Verben:
sein, haben, fragen, verstehen, hören, machen, gehen, kommen, wohnen, bringen, bekommen, wünschen, heißen, antworten, sprechen, lesen, sehen, lernen, holen, stehen, stellen, sitzen, schicken, buchstabieren, lieben, möchten.

Thema des Tages: Kommunikationswege

Kompetenzen:
thematisch: Post versenden, telefonieren, Adressen und Telefonnummern finden /
grammatisch: Zahlen bis 99 bilden.

	Material	Thema und Unterrichtshandlung	Sozialform	Phasen / Ziele / Kompetenzen
1. Stunde 90 Min. Kurze Pause	LE S. 14/15	Ausspracheübungen mit dem bereits gelernten Wortschatz.	Lehrer-Schüler-im Wechsel	Aussprache üben.
	LB 32	Was sehen Sie auf den Bildern? Wörter, die für den Lesetext wichtig sind, werden an die Tafel geschrieben, z.B. Post, Briefmarke, Brief, Paket, Postleitzahl, Adresse, Straßenname, Ort, Stadt, Dorf, Zahlen.	Lehrer-Schüler-Gespräch im Plenum	Anbahnung, Wörter für den Lesetext lernen, Lesetext vorbereiten.
	LB S.32/33	Text in verteilten Rollen mehrmals vorlesen, Aussprache korrigieren und üben, Bedeutung von Wörtern, Sätzen, Aussagen klären.	Schüler lesen im Plenum, Lehrer hilft.	Lesekompetenzen, erstes Textverstehen.
	LB S.32	Gesprächsanlass: Was kann man alles auf der Post tun? Schüler befragen sich gegenseitig. Am Ende liest ein Paar die Frage und die Antwort vor.	Partnerarbeit und anschließend im Plenum.	Sich befragen, Zahlen lesen üben.
		Kaffeepause		
2. Stunde 90 Min. Kurze Pause	Postleitzahlenbuch, Telefonbuch, Gelbe Seiten mitbringen. Kleine Aufgabenkärtchen in der Pause vorbereiten.	Es werden Gruppen von 3-4 Teilnehmern gebildet. Jede Gruppe erhält vorbereitete Aufgabenkärtchen und soll bestimmte Adressen und Nummern herausfinden.	Gruppenarbeit, anschließend Präsentation.	In alphabetisch geordneten Listen etwas heraussuchen. Zahlen und Adressen richtig aufschreiben.
	LB S.34	Lehrerin liest die „Durchsage" und die Stimme der Auskunft möglichst authentisch vor. Eine Teilnehmerin übernimmt die Stimme von Frau Jonosa. Bedeutung der Aussagen klären.	Lehrer-Schüler-im Wechsel	Leseverstehen
	LB S. 34/35	Sich gegenseitig Befragen. Am Ende liest ein Paar vor.	Partnerarbeit, dann Plenum.	Sich befragen. Zahlen lesen üben.
		Kaffeepause		
3. Stunde 90 Min	ÜB S.19-22 6- 9, 10	Übung 7-8, jeder in seinem Arbeitstempo. Wer fertig ist, sucht sich einen Partner für Übung.10 und findet darüber hinaus Beratungsadressen der Region.	**BINNENDIFFERENZIERUNG!** Einzelarbeit, Gruppenarbeit, Ergebnisse im Plenum.	Zahlen schreiben üben, Sprechmuster und Wortschatz lernen, Beratungsadressen suchen (Übung 10)

1. Sprechübung: ü oder ö

Ph 1

1. das Buch - die Bücher
2. Bücher wünschen
3. Sie wünschen Bücher.
4. Bücher sind schön.
5. Sie wünschen schöne Bücher.
6. Hören ist schön.
7. Sie hören schöne Wünsche.
8. Ich höre, Sie wünschen schöne Bücher.

Vorschläge zur Umsetzung:

1. Fangen Sie an zu pfeifen und die Teilnehmer sollen ebenso pfeifen.
2. Sprechen Sie dann das Wort „müde". Die Teilnehmer sollen es wiederholen..
3. Schreiben Sie jeweils eine der oben stehenden Wortreihen an die Tafel. Sprechen Sie sie vor und lassen Sie danach die Lerner die Wortreihe im Chor nachsprechen.
4. Bringen Sie einen kleinen Taschenspiegel mit und lassen sie ihn herumgehen. Sprechen Sie jedem die Wortreihe vor. Er oder sie spricht sie nach und kontrolliert dabei seine Mund- und Lippenbewegung im Spiegel.

2. Wortdiktat und Leseübung

Ph 2

d oder g?
1. Andrea und Brigitte Günther und Wolfgang Ferdinand und Inge
2. fragen - bringen - leiden
3. die Adresse - der Ordner - der Kugelschreiber - das Video - die Kreide
4. guten Morgen - der Tag - das Bild - die Wand
5. wenig Deutsch - Ich bin ledig.
6. Leider bringt Frieda keinen Kugelschreiber für Ingo.

z oder s?
Pizza und Tasse Zentrum und Fernseher Zacharias und Sandra
Ich sehe. Zacharias bekommt Pizza und eine Tasse Suppe.

Wie spricht man qu?
Quatsch und Aquarium: Der Frosch quakt Quatsch im Aquarium.

Wie spricht man y?
Hobby und Psychologie: Mein Hobby sind Bücher über Psychologie.

Wie spricht man x?
Hexe und sechs Sachen: Die Hexe Maximiliane hat sechs Sachen für Xaver.

Vorschläge zur Umsetzung:

1. In vielen Sprachen mit anderen Buchstaben oder Buchstaben, die anders ausgesprochen werden, werden die Konsonanten b und g (zum Beispiel im Kyrillischen) oder z und s (zum Beispiel im Arabischen) verwechselt oder falsch ausgesprochen. Dafür sind die ersten beiden Übungen.
2. Diktieren Sie die Wortreihen und schreiben Sie sie selbst an die Tafel (oder lassen Sie sie schreiben).
3. Korrigieren Sie gemeinsam und lassen Sie dann die Wortreihen im Chor nachsprechen.

3. Sprechübung: r

Ph 3

1.

1. Vater - Mutter - Tochter
2. Ausländer - Ingenieur
3. Welcher Ausländer versteht die Nummer?
4. Wir stellen gern Bücher vor.
5. Der Fernseher ist aber teuer!
6. Hier haben wir Hunger.
7. Wer versteht, woher er kommt? Ein Dorf.
8. Ihr seid ein Jahr verheiratet.

Vorschläge zur Umsetzung:

Erklären Sie zunächst die Regeln:

1. „r" am Wortende wie „a" ausgesprochen!
   Beispiel: Vater, Mutter, Lehrer.....
2. Wenn vor dem „r" ein Vokal steht und nach dem „r" ein Konsonant.
   Schreiben Sie die Regel folgendermaßen an die Tafel:
   Vokal ⇨ R ⇨ Konsonant

   Beispiel: Dorf, gern...

Ph 4

2.

1. Ralf - Richard - Rainer - Rita - Renate
2. ich höre - ich spreche - ich bringe
3. Straße - Adresse

Vorschläge zur Umsetzung:

„R" als Reibelaut kann leichter gebildet werden, wenn man vom „ch" Laut ausgeht.
Lassen Sie im Chor sprechen: „wach" (sehr langes ch sprechen) und „Ware".
Üben Sie dann im Chor die oben stehenden Wortreihen.

Ph 5

3.

1. Der Lehrer spricht im Sprachkurs.
2. Die Lehrerin spricht im Sprachkurs.
3. Richard ist Ingenieur von Beruf.
4. Mutter und Vater sprechen Deutsch.
5. Bruder und Schwester hören Musik.
6. Die Tochter bringt die Adresse.
7. Die Straße höre ich nicht gerne.
8. Das Dorf heißt Bramsche.

Vorschläge zur Umsetzung:

Dies ist eine gemischte Übung. Einmal ist „r" ein Reibelaut, einmal wird er als Vokal „a" ausgesprochen´. Lassen Sie zunächst „hören" konjugieren. Da kommt dann beides vor. Dann überprüfen Sie einzeln, ob jeder die Regeln umsetzen kann und das jetzt „r" richtig ausspricht.

Hören 3: Am Postschalter
Transkription Hörverstehens-Text

HA3

Frau Krause: Entschuldigen Sie bitte. Wie heißt die Postleitzahl von Ortkrug.
Postbeamter: Einen Moment. Ich schaue in den Computer.
Die Postleitzahl lautet: eins-neun-null-sieben-sieben.
Frau Krause: Vielen Danke. Bitte noch zehn Briefmarken für das Inland.
Postbeamter: Bitte schön.
Frau Krause: *(Man hört Geld klimpern)* Bitte schön.
Postbeamter: Vielen Dank. Auf Wiedersehen und einen schönen Tag noch.
Frau Krause: Danke ebenfalls. Auf Wiedersehen.

Hören 4: Die Auskunft
Transkription Hörverstehens-Text

HA4

Durchsage:	Hier ist die telefonische Auskunft. Wir sind im Augenblick alle beschäftigt. Bitte haben Sie einen Moment Geduld.... Auskunft Platz drei.
Auskunft:	Guten Tag.
Herr Krause:	Guten Tag. Bitte geben Sie mir die Telefonnummer von Familie Konzle in Stuttgart.
Auskunft:	Entschuldigen Sie. Wie ist der Name? Bitte buchstabieren Sie.
Herr Krause:	Konzle. Ich buchstabiere: K-O-N-Z-L-E.
Auskunft:	Einen Moment.
Durchsage:	Die Nummer lautet: 55 98 12, die Vorwahl ist 0711. Ich wiederhole: Die Nummer lautet: 55 98 12, die Vorwahl ist 0711.

Hören 3 und 4 Am Postschalter und die Auskunft
Arbeitsblatt (Kopiervorlage)

Hörtext 3 Am Postschalter

Ergänzen Sie die Zahlen.

1. Postleitzahl von Ortkrug ____________________

2. Wie viele Briefmarken möchte Frau Krause? ____________________

Hörtext 4 Die Auskunft

Was sagt die Durchsage? Ergänzen Sie.

____ Auskunft.

____ beschäftigt.

____ Geduld.

Beantworten Sie die Fragen.

1. Auf welchem Platz sitzt die Dame von der Auskunft? ....

2. Wie heißt die Familie in Stuttgart? ....

3. Wie lautet die Telefonnummer? ____________ Vorwahl: ____________

Thema des Tages: Geographische Orientierung

Kompetenzen:
thematisch: Deutschsprachige Länder in ihrer geographischen und politischen Ordnung kennen lernen / grammatisch: Wiederholung und Evaluation.

	Material	Thema und Unterrichtshandlung	Sozialform	Phasen / Ziele / Kompetenzen
1. Stunde 90 Min.	Hören 3	Hörtext mit Aufgaben aus dem Lehrerheft S.15. Zunächst mehrmals hören und dazu in Einzelarbeit Aufgabenblatt (Kopiervorlage S.15) lösen. Anschließend kann die Transkription in Kopie als Lösungsblatt verteilt und dann verglichen werden.	Einzelarbeit und gemeinsame Kontrolle der Aufgabe.	Wiederholung der gestern erworbenen Kompetenzen, außerdem: Hörverstehen üben.
Kurze Pause	LB 18 Tafel und Folie	Neue Begriffe klären (Tafel) <u>Die deutschsprachigen Länder</u> Land: Deutschland, Österreich, Schweiz Hauptstadt: Berlin, Wien ... Bundesland: Niedersachsen, Hessen .... oder Tirol, Kärnten ... oder Schwyz Hausptstadt: Hannover .... Gebirge: Alpen, Harz ... Fluss: Donau, Rhein, Main, Oder... See: Bodensee... Meer: Nordsee, Ostsee usw.		QuizSpiel vorbereiten.
	LB S.36	Quiz-Spiel machen zum Beispiel mit dem Ball oder in zwei Gruppen mit Punkteverteilung oder wie in einer Quiz-Show.	Plenum (Spiel)	sich geographisch und politisch orientieren
	Kaffeepause			
2. Stunde 90 Min.	LE S.18/19	Wiederholungstest mit anschließender Selbstkontrolle, Partnerkontrolle oder Kontrolle durch den Lehrer.	Einzelarbeit	wiederholen, evaluieren.
	Kaffeepause			
3. Stunde 90 Min	ÜB S.22-24, LB S.31-35	Quizspiele: Memory, Zahlen, Buchstaben...	Gruppenarbeit oder Plenum	wiederholen.

Am nächsten Tag kann wiederholt und der Test geschrieben werden.

Test

Name: ....

Aufgabe 1 Lesen

Hallo, ich bin neu in Deutschland. Ich komme aus Afghanistan. Ich wohne in Göttingen. Ich bin mit der Familie hier.

Meine Familie, das ist mein Mann und meine zwei Kinder. Meine Kinder sind schon 17 und 21 Jahre alt. Meine Tochter ist 17 Jahre und mein Sohn ist 21 Jahre alt.

Meine Tochter heißt Maide. Sie geht in die Schule. Mein Sohn heißt Ahmed. Er wohnt in Hannover, der Hauptstadt von Niedersachsen.

Ich bin Lehrerin von Beruf und mein Mann ist Arzt

Was ist richtig : a, b oder c?
Kreuzen Sie die richtige Antwort an.

1. Das ist ...
a.) eine Frau. Sie kommt aus Afghanistan. ❑
b.) ein Mann. Er kommt aus Afghanistan. ❑
c.) eine Deutsche. Sie kommt nicht aus Afghanistan. ❑
d.) ein Deutscher. Er kommt nicht aus Afghanistan. ❑

2. Die Kinder...
a.) Maide und Ahmed wohnen in Hannover. ❑
b.) Ahmed wohnt in Hannover. ❑
c.) Ahmed und Maide wohnen in Göttingen. ❑
d.) Ahmed wohnt in Göttingen. ❑

3. Mutter und Vater wohnen...
a.) in Hannover, der Hauptstadt von Niedersachsen. ❑
b.) in Göttingen, der Hauptstadt von Niedersachsen. ❑
c.) in Göttingen. ❑
d.) in Afghanistan. ❑

Aufgabe 2 Schreiben

Stellen Sie sich vor.
Beantworten Sie dabei folgende Fragen:

Wie heißen Sie?
Woher kommen Sie?
Haben Sie eine Familie?
Wo wohnen Sie?
Was sind Sie von Beruf?

Aufgabe 3
Grammatik / Wortschatz

A Kreuzen Sie das richtige Wort an.

1. Herr und Frau Jonosa kommen aus Afrika.

a.) Woher kommt sie? ❑
b.) Woher kommen sie? ❑
c.) Woher kommen Sie? ❑

2. Jana kommt aus der Schule.

- a.) Woher kommt sie? ❑
- b.) Woher kommen sie? ❑
- c.) Woher kommen Sie? ❑

3. Mein Sohn .... Max.

- a.) heißen ❑
- b.) heißt ❑
- c.) heiße ❑

4. Das .... ein Sprachkurs.

- a.) sein ❑
- b.) sind ❑
- c.) ist ❑

5. Ich .... die Telefonnummer von der Schule

- a.) hat ❑
- b.) haben ❑
- c.) habe ❑

B Ergänzen Sie den Artikel und bilden Sie den Plural.

1. Ich habe .... Heft.

- a.) eine ❑
- b.) eln ❑
- c.) - ❑

2. Das steht .... Kaffeemaschine.

- a.) eine ❑
- b.) ein ❑
- c.) - ❑

3. Hier sind vier.. .

- a.) Bleistifte ❑
- b.) Bleistifter ❑
- c.) Bleistift ❑

4. Da sind zwei ....

- a.) Büche ❑
- b.) Buchs ❑
- c.) Bücher ❑

C Was ist richtig? Kreuzen Sie an.

1.

2. 6

- a.) sex ❑
- b.) sechs ❑
- c.) six ❑

3. 16

- a.) sechzig ❑
- b.) sechzehn ❑
- c.) siebzig ❑

4. 60

- a.) sechzig ❑
- b.) sechzehn ❑
- c.) siebzehn ❑

Lösungen zu den Testaufgaben

Áufgabe 1
1a, 2b, 3c

Aufgabe 2
Ich heiße...
Ich komme aus...
Ich habe ...
Ich wohne in...
Ich bin...

Aufgabe 4

A	1b, 2a, 3b, 4c, 5c.
B	1b, 2a, 3a, 4c
C	1b, 2b, 3a.

Kapitel 2 - Was ist jetzt dran?

Essen und Trinken, einkaufen gehen im Supermarkt und auf dem Wochenmarkt, essen gehen im Restaurant oder in der Imbissbude, aber auch Überweisungen auf der Bank tätigen gehören zu den ersten Alltagskompetenzen, die die Lernenden in Deutschland benötigen. Ein umfangreicher Wortschatz wird ihnen dazu in diesem zweiten Kapitel geboten. Wir begleiten diesmal Familie Moreno zum Einkaufen und sind dabei, wenn Frau Hoffmann auf die Bank geht. Die Deutschlehrerin, Frau Müller, geht mit ihrem Mann in ein Restaurant, um ihren Hochzeitstag zu feiern und ganz zu Anfang bereitet der ganze Sprachkurs ein Fest vor und geht dafür einkaufen.

Im ersten Abschnitt bekommen die Lernenden Anhaltspunkte, wie man die Artikel „der", „die" und „das" nach Regeln bilden kann, auch wenn diese viele Ausnahmen haben. Sie werden dafür sensibilisiert immer den Artikel mit dem neuen Nomen zu lernen. Die Farbcodierungen im Wortschatz und in der Grammatik sollen helfen: rosa für das Femininum „die", hellblau für das Maskulinum „der" und grau für das Neutrum „das". Die Farben werden sich durch das ganze Lehrwerk ziehen. Im Deutschen gehört die Genusbildung zu den schwersten Lerninhalten. Meist gibt es noch nach Jahren eine gewisse Unsicherheit. Aus diesem Grund soll hier schon von Anfang an mit der farbigen Markierung geholfen werden.

Im zweiten Abschnitt geht es wieder um das Verb. Weitere häufige starke (unregelmäßige) und schwache (regelmäßige), insbesondere auch trennbare Verben werden vorgestellt und in ihrer Konjugation trainiert.

Der dritte und vierte Abschnitt ist dem Satzbau gewidmet. Die Position des Verbs an zweiter Stelle und die Verneinung „nicht" und „kein" stehen im Mittelpunkt. Daraus folgt ganz logisch, dass im vierten Abschnitt den Lernenden Subjekt und Akkusativ-Objekt bewusstgemacht wird und ihre Formen im Übungsbuch trainiert werden.

Nach und nach lernen die Teilnehmer auch die Zahlen, insbesondere im letzten Abschnitt: „Auf der Bank".

Thema des Tages: Essen und Trinken

Kompetenzen:
thematisch: Lebensmittel benennen
grammatisch: Nomen mit richtigem Artikel benutzen (Genus und Numerus)

Material	Thema und Unterrichtshandlung	Sozialform	Phasen / Ziele / Kompetenzen
LB S. 38/39 LE S.24/25 (Hören 5)	Vorbereitung des Hörtextes. (Hören 5) Die Bilder werden betrachtet, wichtige Nomen, die Signalwörter für das Hörverstehen sind, werden an der Tafel gesammelt. Frage an die Tn.: Was gibt es auf dem Markt? die Blume, die Blumen die Kartoffel, die Kartoffeln die Flasche, die Flaschen das Öl, das Olivenöl, das Nussöl…, das Brot, der Kuchen, das Gemüse, der Pilz, die Pilze, die Tomate, die Tomaten, der Blumenkohl Hören 5 und die Bilder im Lehrbuch. Die Teilnehmer suchen die passenden Bilder zu den Hörtexten.	Plenum, Einzelarbeit	Wortschatz: Essen und Trinken. Hörverstehen.
	Kaffeepause		
Wort- schatz S. 13-22	Kapitel: „Essen und Trinken". Die Wörter vorlesen lassen, anschließend in Gruppen mit dem Wörterbuch gute Übersetzungen suchen, Wörter lernen.	Zuerst im Plenum, dann in Gruppen möglichst gleicher Muttersprache.	Aussprachetraining und Wortschatz lernen., sowie Arbeit mit dem Wörterbuch. In Partnerarbeit neue Wörter lernen.
	Kaffeepause		
GR S.8-12 ÜB 30-32	Genusbildung der Nomen erklären mit Hilfe des Grammatikbuchs und den Beispielen. Am Wortschatz überprüfen und wiederholen. Dann Übungen zu den Regeln der Genusbildung aus dem Übungsbuch.	Zuerst im Plenum, dann Übungen in Partner- oder Einzelarbeit. Selbstkontrolle über Lösung möglich.	Genusbildung der Nomen nach Regeln kennen lernen und Regel an Beispielen anwenden.

Thema des Tages: Einkaufen für ein Fest

Kompetenzen:
thematisch: Einkaufszettel schreiben, ein Fest vorbereiten
grammatisch: Nomen mit richtigem Artikel benutzen (Genus und Numerus)

Material	Thema und Unterrichtshandlung	Sozialform	Phasen / Ziele / Kompetenzen
Wortschatz: Essen und Trinken	Wortspiele und Wortketten, zum Beispiel ähnlich wie „Kofferpacken": Einer beginnt: Ich gehe einkaufen und bringe ... mit. Der nächste wiederholt das vorhergehende Wort und ergänzt ein nächstes, Ich gehe einkaufen und bringe ... und.... und... mit usw.	Gemeinsames Spiel	Wiederholung: gestern erworbene Kenntnisse aktivieren.
LB S. 40-41	Text in Viergruppen vorlesen üben. Wörter zunächst in der Gruppe klären, im Zweifelsfall helfen oder im Wörterbuch nachsehen. Die beste/mutigste Gruppe liest noch einmal im Plenum.	Teilnehmer lesen in Gruppen, Lehrer hilft.	Lesekompetenz, Textverstehen.
	Kaffeepause		
LB S. 42-43	Eine weitere Gruppe liest vor. Dann Aufgabe Seite 29: Fragen zum Textverstehen in Partnerarbeit oder im Plenum.	Im Plenum.	Übung im Leseverstehen.
LB S. 44/45	Maße und Gewichte lesen und im Wörterbuch nachschlagen. Anschließend einen Speiseplan zu einem Anlass aufschreiben, dann einen anlassbezogenen Einkaufzettel verfassen.	Lernpartner gleicher Herkunftssprache arbeiten zusammen.	Sicherung: Wortschatz. Artikelbildung (schriftlich).
	Kaffeepause		
LB S. 45/46	Umsetzung von Speisezettel und Einkaufszettels als Dialog. Zunächst spielt der Lehrer das mit einem Teilnehmer vor, dann üben die Teilnehmer zu zweit und am Ende wird das Ganze vorgespielt.	Lehrer macht im Plenum vor. Gruppen bilden. Spiel in Gruppen.	Übung in Alltagskommunikation, Anwendung des Wortschatzes „Essen und Trinken".

Hören 5 - 8 Auf dem Markt
Transkription Hörverstehens-Text

Gespräch A

HA5

Herr Kunze: Ach, die frischen Kartoffeln.
Frau Kunze: Oh ja, die sehen schön aus.
Verkäufer: Frische Kartoffeln, das Kilo nur 2 Euro.
Frau Kunze: Ein Kilo, bitte.
Verkäufer: 2 Euro bitte.
Frau Kunze: Bitteschön.
Verkäufer: Dankeschön und schöne Feiertage.
Frau Kunze: Danke, ebenfalls.

Gespräch B:

HA6

Frau Kunze: Am Samstag gibt es Blumenkohlsuppe. Wir brauchen noch einen Blumenkohl.
Herr Kunze: Hier gibt es Blumenkohl.
Frau Kunze: Ja, der Blumenkohl sieht gut aus.
Verkäuferin: Bitteschön?
Frau Kunze: Einen Blumenkohl, bitte.
Verkäuferin: Das macht zwei Euro siebzig, bitte.
Dankeschön. Einen schönen Feierabend noch.
Frau Kunze: Danke, ebenfalls.

Gespräch C:

HA7

Frau Kunze: Oh, hier gibt es Olivenöl!
Herr Kunze: Lecker.
Verkäufer: Bitteschön?
Herr Kunze: Eine Flasche Olivenöl, bitte.
Verkäufer: Das macht acht Euro fünfzig.
Herr Kunze: Bitteschön.
Verkäufer: Dankeschön.
Herr Kunze: Danke auch.- Auf Wiedersehen.
Verkäufer: Auf Wiedersehen und ein schönes Wochenende.
Herr Kunze: Danke, ebenfalls.

Gespräch D:

HA8

Frau Kunze: Wir brauchen noch Pilze und Tomaten für die Pizza heute Abend.
Herr Kunze: Hier gibt es Pilze und Tomaten.
Frau Kunze: Ach, hier sind so viele Menschen. Da warten wir so lange.
Da vorne gibt es auch Pilze und Tomaten.
Frau Kunze: Zwei Kilo Tomaten und ein Pfund Pilze, bitte.
Verkäuferin: Zweieinhalb Kilo?
Frau Kunze: Ja, in Ordnung.
Verkäuferin: Genau ein Pfund, das sind zusammen sechs Euro fünfzig.
Verkäuferin: Dankeschön.
Frau Kunze: Bitteschön. Auf Wiedersehen.
Verkäuferin: Auf Wiedersehen.

Frau Kunze: Richard, wo bist du? ... Oh so schöne Blumen! Vielen Dank.
Herr Kunze: Bitte, bitte. Gern geschehen.

Hören 5 -8 Auf dem Markt
Arbeitsblatt

Auf dem Markt

Sehen Sie sich die Bilder im Lehrbuch genau an.
Ordnen Sie die Bilder den Gesprächen zu.

Gespräch 1 Bild: ______

Sie kaufen ________________

Das kostet: ________________

Gespräch 2 Bild: ______

Sie kaufen ________________

Das kostet: ________________

Gespräch 3 Bild: ______

Sie kaufen ________________

Das kostet: ________________

Gespräch 4 Bild: ______

Sie kaufen ________________

Das kostet: ________________

Hören Sie noch einmal die Gespräche.
Was wünschen die Verkäufer und VerkäuferInnen?

1. Auf Wiedersehen und ein schönes Wochenende. Gespräch __________
2. Auf Wiedersehen Gespräch __________
3. Einen schönen Feierabend noch. Gespräch __________
4. ... und schöne Feiertage Gespräch __________

Thema des Tages: Am Geldautomaten

Kompetenzen:
thematisch: Am Geldautomaten Geld holen.
grammatisch: trennbare Verben

Material	Thema und Unterrichtshandlung	Sozialform	Phasen / Ziele / Kompetenzen
	Ein kleiner gemeinsamer Spaziergang zu einem Geldautomaten könnte der Einstieg werden oder kleines Spaß-Video von youtube zum Beispiel **https://www.youtube.com/watch?v=Ez1ofsbK-7so** oder **https://www.youtube.com/watch?v=-qUxwynTWWuw**	Plenum	
LB 46/47 Wortschatz S. 23/24	Text in kleinen Gruppen erarbeiten mit Wörterbuch, Textverstehens-Aufgaben lösen. Dabei im Wortschatz S. 23/24 die ersten 12 Verben und die ersten 6 Nomen übersetzen. Am Ende liest eine Gruppe in verteilten Rollen vor und die Aufgaben werden besprochen.	Kleine Gruppen oder Partnerarbeit, anschließend Plenum.	Erarbeitung des Lesetexts. Wortschatzarbeit, Textverstehen.
	Kaffeepause		
GR S.16	Regeln zum trennbaren Verb lesen und an den Beispielen Konjugation üben.	Plenum	Trennbare Verben verstehen und benutzen
Übungsbuch S.48/49	Übungsbuch, Übung 10 (Lösungsblatt zur Selbstkontrolle)	Partnerarbeit, Plenum	Trennbare Verben lernen und üben.
	Kaffeepause		
Übungsblätter aus dem Lehrerbegleitbuch S.27/28	Phonetische Übungen (siehe nächste Seiten und Wiederholung aus Kapitel 1) . Hier sollten Sie präsent sein und immer wieder langsam aussprechen und wiederholen lassen, damit sich keine Fehler einschleichen. Schreiben Sie die Wörter so an die Tafel, sprechen Sie vor und lassen Sie nachsprechen. Sie können zusätzlich auch diese beiden Übungsblätter kopieren verteilen, da die Bilder neue Wörter erklären.	Plenum	z oder s, qu, y, x. Sprechübung zu langem und kurze, e und i, i oder ö.

1. Sprechübung: z oder s

Ph 6

z wir sprechen **ts**

1. Pizza und Tasse
2. Zentrum und Fenster
3. Zacharias und Sandra
4. Zacharias bekommt Pizza und eine Tasse Suppe.

Ph 7

2. Sprechübung: qu

Qu oder **qu** wir sprechen **kw**

1. Quatsch und Aquarium
2. Der Frosch quakt Quatsch im Aquarium.

3. Sprechübung

Ph 8

y wir sprechen **i** (Englisch) oder **ü** (Altgriechisch)

1. Hobby und Psychologie
2. Mein Hobby sind Bücher über Psychologie.

x wir sprechen **ks**

1. Xaver und Max
2. Hexe und sechs Sachen
3. Die Hexe Maximiliane hat sechs Sachen für Xaver.

4. Sprechübung

Ph 9

langes **e** und kurzes **e**

1. gehengeben lesen sehen wenig ledig ebenfalls

2. sprechen essen Heft Schnellhefter

3. gern geschehen

Ph 10

langes **i** und kurzes **i**

4. spielen telefonieren Brief

5. bitte bitteschön

Ph 11

lang kurz

6. geben essen

7. sehensprechen

8. spielen bitte

9. spielen sehen sprechen hören

10. Sehen und hören Sie bitteschön.

11. Sprechen Sie ebenfalls nicht zu wenig.

Thema des Tages: Im Supermarkt

Kompetenzen:
thematisch: Einkaufen gehen.
grammatisch: Schwache und starke Verben.

Material	Thema und Unterrichtshandlung	Sozialform	Phasen / Ziele / Kompetenzen
LB S.48 -51	Die Bilder sollen zum Lesetext hinführen. Projizieren Sie die Bilder über den Beamer als stummen Impuls oder fragen Sie: Was sehen Sie auf dem Bild? Die Teilnehmer bilden erste einfache Sätze, schwächere Teilnehmer wiederholen die Sätze. Zum Beispiel: Bild 1: Frau Moreno / Einkaufswagen / Frau Moreno schiebt den Einkaufswagen. Bild 2: Frau Moreno mit Kind (Laura) / Gemüse / Tomaten / Frau Moreno kauft Tomaten / wählt Tomaten aus Bild 3: Tomaten / Tüte / Waage / wiegt ab / Sie wiegt die Tomaten ab Bild 4: Frau Moreno / Kühlfach / Milch	Plenum	Wortschatzübung / Sprechübung zum Thema Einkaufen
LB S.48-51 WS S. 23-25	Text in kleinen Gruppen gleicher Muttersprache erarbeiten mit Wörterbuch, Textverstehens-Aufgaben lösen. Dabei im Wortschatz S. 23-25 oben übersetzen. Am Ende können die Textabschnitte zu jedem Bild jeweils von einer Person pro Gruppe vorgelesen werden.	Lernpartner möglichst gleicher Herkunftssprache	Textarbeit / Leseverstehen
	Kaffeepause		
LB 48-51 GR S. 13-16	Zur Vorbereitung der Grammatik sollen die Teilnehmer erst einmal alle Verben aus dem Lesetext heraussuchen. Das kann auch arbeitsteilig in Gruppen geschehen. Die Verben könnten auch von den Teilnehmern selbst an die Tafel geschrieben werden. Anschließend könnten Sie einige Verben heraussuchen, die schwach und welche die stark sind und sie konjugieren lassen. Daraus können sich die Regeln ergeben, die nun im Lesen der Grammatik vertieft werden können.	Plenum	Starke und schwache Verben.
GR S. 13-16	Mit dem Konjugationswürfel (Übungsbuch S.35) können die Verben aus dem Grammatikbuch nun erst einmal mündlich geübt werden.	Kleine Gruppen oder Lernpartner.	Die Konjugation von starken und schwachen Verben üben
	Kaffeepause		
Übungsbuch S.33-52	Die Verben können nun schriftlich mithilfe der Übungen im Arbeitsbuch intensiv geübt werden. Die Lösungsblätter dienen der Selbstkontrolle-	Einzelarbeit oder mit Lernpartnern.	Die Konjugation starker und schwacher Verben.

Thema des Tages: Was machen wir und was nicht?

Kompetenzen:
thematisch: Tätigkeiten benennen und verneinen.
grammatisch: Satzbau einfacher Hauptsätze und Verneinung mit „nicht" und „kein"

Material	Thema und Unterrichtshandlung	Sozialform	Phasen / Ziele / Kompetenzen
LB S.52/53	Die Bilder sollen wieder zum Lesetext hinführen. Projizieren Sie die Bilder über den Beamer als stummen Impuls oder fragen Sie: Was sehen Sie auf den Bildern? Die Teilnehmer bilden erste einfache Sätze, schwächere Teilnehmer wiederholen die Sätze. Zum Beispiel die Zeichnung mit dem Teddybären und dem Junkfood: Pizza, Hamburger, Cola, Pommes. Fast-Food. Ist das gesund? Sollte man dort essen oder lieber zu Hause? Was kochen Sie zu Hause? usw.	Plenum	Wortschatzübung / Sprechübung zum Thema Einkaufen
LB S. 52/53	Text in kleinen Gruppen gleicher Muttersprache erarbeiten mit Wörterbuch. Dabei im Wortschatz S. 10/11 übersetzen.	Lernpartner möglichst gleicher Herkunftssprache	Textarbeit / Leseverstehen
	Kaffeepause		
LB S. 53	Aufgabe S.53. Zunächst die auf den Bildern gemeinten Tätigkeiten beschreiben und richtig zuordnen. Dafür in Partnerarbeit Zeit geben, dann im Plenum Ergebnisse vortragen lassen. Anschließend die Sprechübung erst in Partnerarbeit einmal machen lassen, dann im Plenum gemeinsam üben.	Plenum, dann Partnerarbeit, dann Plenum.	Starke und schwache Verben.
LB S. 54	Kommunikationsspiel nach Spieleanleitung im Lehrbuch.	Der ganze Kurs spielt gemeinsam (Bewegungsspiel).	Sätze mit Verneinung üben.
	Kaffeepause		
ÜB S. 53-55 Schere GR S.17/18	S.26/27 Übung nach Anleitung, Satzglieder ausschneiden, in den Satzbaukasten legen und dann richtig aufschreiben. Vorbereitungsintensiv aber dauerhaft! Ein Beispiel an der Tafel vormachen, dazu groß ausgeschnittene und laminierte Satzglieder (vergrößern aus dem Arbeitsbuch) in einen vergrößerten und laminierten Satzbaukasten legen (Satzbaukasten und Satzglieder könnten hinten Klettverschlüsse haben.) Anschließend Übung S. 54/55 in Einzelarbeit schriftlich.	Einzelarbeit oder Lernpartner.	Richtige Sätze bilden. Verb an 2. Stelle im Hauptsatz einüben. Verneinung bilden.

Thema des Tages: Im Restaurant I

Kompetenzen:
thematisch: Essen gehen.
grammatisch: Akkusativ.

Material	Thema und Unterrichtshandlung	Sozialform	Phasen / Ziele / Kompetenzen
LB S. 55	Gesprächs-Impulse: Die Bilder sollen zum Thema hinführen und können auch über einen Beamer vergrößert noch zugänglicher gemacht werden. Es ist ein Spaziergang von der typisch deutschen Kneipe (1), einem Landrestaurant (2) über die Imbissbude (3), einem türkischen Döner-Laden (4) oder einem italienischen Pizza-Service (5). Vergleiche mit ähnlichen Kneipen und Imbissstuben im Heimatland können gezogen oder einfach nur gesammelt werden, was man da essen kann oder wer welche Vorlieben hat usw.	Plenum	Wortschatzübung / Sprechübung zum Thema Essen gehen
LB S. 56/57	Lesetext „Im Restaurant" nun in kleinen Gruppen gleicher Muttersprache erarbeiten mit Wörterbuch. Dabei im Wortschatz S. 11 unten übersetzen. Leseübung für möglichst 3-4 Personen. Am Ende tragen dir Gruppen (szenisch) vor.	Lerngruppen von 3-4 Personen möglichst gleicher Herkunftssprache	Textarbeit / Leseverstehen
	Kaffeepause		
LB S. 58 und Wortschatz S.26-30	Vorbereitung eines szenischen Spiels: Speisekarte gemeinsam lesen und erarbeiten. Der Wortschatz in Bildern (12-14) darf hinzugezogen werden, wenn gemeinsam die Speisekarte erarbeitet wird. Zusätzlich kann mit Wörterbüchern gearbeitet und übersetzt werden.	Plenum.	Wortschatz: Speisen auf einer Speisekarte
LB S. 58/59	Ein szenisches Spiel: Die Teilnehmer setzen sich in Dreiergruppen zusammen: 2 Gäste, die speisen und ein Kellner/ eine Kellnerin. Sie erarbeiten das Dialogmuster zunächst allein. Währenddessen bereiten Sie einen kleinen Tisch vor mit Tischdecke, Servietten, Tellern, Gläsern, Besteck und einer kopierten und laminierten Speisekarte (S.44 oben). Dann spielen die einzelnen Gruppen möglichst auswendig vor.	Gruppen: Szenisches Spiel	Sprechübung
	Kaffeepause		
GR S. 18-20 UB S. 56-61	Den Akkusativ mit Hilfe des Grammatikbuches erklären. Dann die Übungen S. 56-61 schriftlich machen und die Lösungen S.70/71 zur Selbstkontrolle nutzen.	Einzelarbeit oder Lernpartner.	Akkusativ verstehen und in den Übungen trainieren.

Thema des Tages: Im Restaurant (II) und auf der Bank

Kompetenzen:
thematisch: Essen gehen und Erledigungen auf der Bank.
grammatisch: Akkusativ.

Material	Thema und Unterrichtshandlung	Sozialform	Phasen / Ziele / Kompetenzen
Hören 6, GR S. 18-20 ÜB S.56-61	Unten stehenden Hörtext hören und im Arbeitsblatt den Akkusativ einsetzen. Dann Wiederholung des Akkusativs in der Grammatik. Übungen zum Akkusativ zu Ende machen im Übungsbuch in den Lösungen (S.70/71)) selbst kontrollieren .	Plenum, dann Partner- oder Einzelarbeit.	Wiederholung, Vertiefung und Sicherung des Akkusativs.
	Kaffeepause		
LB S. 60/61	Freies Gespräch: Was machen wir auf der Bank? - Vorschläge sammeln und neuen Wortschatz an die Tafel. Dialog von zwei fortgeschritteneren Lesern vortragen. Anschließend in Kleingruppen Wortschatz und Dialog erarbeiten. Noch einmal lesen lassen. Am Ende : Was sage ich auf der Bank? (Seite 48) In Sprechketten üben (jemand fragt, wirft einen Ball einem anderen zu, der andere antwortet, wer geantwortet hat, fragt und wirft weiter.)	Plenum / Lernpartner / Plenum	Wortschatz: Was mache und sage ich auf der Bank?
	Kaffeepause		
ÜB S. 62/63	Die Übungen in Einzelarbeit oder mit dem Lernpartner machen und in den Lösungen selbst kontrollieren.	Einzelarbeit oder Lernpartner.	Die Zahlen von 100 - 1000 lesen und schreiben / ein Formular ausfüllen.

Am nächsten Tag kann wiederholt und der Test geschrieben werden.

Hören 9 /10 Im Restaurant
Transkription Hörverstehens-Text

Gespräch A

HA9

Herr Krause: Herr Ober, die Speisekarte bitte.

Der Ober: Bitteschön... Was möchten Sie trinken?

Frau Krause: Ein Mineralwasser bitte.

Herr Krause: Einen Orangensaft, bitte... Nehmen wir eine Vorspeise?
Eine Suppe oder einen Salat?

Frau Krause: Ich esse gerne einen Salat. Ich nehme einen Tomatensalat.

Herr Krause: Ich nehme eine Gemüsesuppe. Was nehmen wir als Hauptspeise?

Frau Krause: Ich möchte Spagghetti mit Hackfleisch.

Herr Krause: Spagghetti Bolognese?

Frau Krause: Ja, genau. Und was nimmst du?

Herr Krause: Ich nehme eine Pizza mit Meeresfrüchten.

Der Ober: Bitteschön. Das Mineralwasser ... und das Bier. Was möchten Sie essen?

Herr Krause: Einmal Spaghetti Bolognese und einmal Pizza mit Meeresfrüchten.

Der Ober: Dankeschön.

Gespräch B

Herr Krause: Herr Ober, bitte.

Der Ober: Bitteschön?

Herr Krause: Ich möchte bitte zahlen.

HA10

Der Ober: Ein Mineralwasser, ein Bier, einmal Spagghetti Bolognese,
eine Pizza mit Meeresfrüchten und zwei Kaffee, das macht 36,50 Euro.

Herr Krause: Vierzig, bitte.

Der Ober: Vielen Dank und einen schönen Abend noch.

Herr Krause: Dankeschön. Auf Wiedersehen.

Der Ober: Auf Wiedersehen.

Hören 9/ 10 : Im Restaurant
Arbeitsblatt

Aufgabe 1: **Ergänzen Sie den fehlenden Artikel im Akkusativ:**

Gespräch A

Herr Krause: Herr Ober, ________ Speisekarte bitte.

Der Ober: Bitteschön... Was möchten Sie trinken?

Frau Krause: ______ Mineralwasser bitte.

Herr Krause: ________ Orangensaft, bitte... Nehmen wir _______ Vorspeise?

_________ Suppe oder _________ Salat?

Frau Krause: Ich esse gerne ________ Salat. Ich nehme ________ Tomatensalat.

Herr Krause: Ich nehme ________ Gemüsesuppe. Was nehmen wir als Hauptspeise?

Frau Krause: Ich möchte Spagghetti mit Hackfleisch.

Herr Krause: Spagghetti Bolognese?

Frau Krause: Ja, genau. Und was nimmst du?

Herr Krause: Ich nehme __________ Pizza mit Meeresfrüchten.

...

Aufgabe 2: **Beantworten Sie die Fragen.**

Gespräch B

1. Wie viel kostet das Essen? (Schreiben Sie die Zahlen in Buchstaben)

____

2. Wie viel Euro gibt Herr Krause dem Ober? (Schreiben Sie die Zahlen in Buchstaben)

____

3. Was wünscht der Ober den Krauses?

____

Test

Name: ....

Aufgabe 1 Lesen

Frau Mohamed hat Geburtstag. Abends gibt es ein großes Fest. Sie macht eine Suppe und bäckt Fladenbrot. Als Nachspeise gibt es ein Eis mit Sahne. Zu trinken gibt es Tee.
Sie schreibt einen Einkaufszettel und kauft im Supermarkt Gemüse für die Suppe, Mehl, Eis, Sahne und Tee ein.
An der Kasse sagt sie: „Oh, ich habe kein Geld mit. Ich bezahle mit der EC-Karte." Sie steckt die Karte in das Gerät und gibt die Geheimzahl ein. Dann unterschreibt sie den Kassenzettel.

Was ist richtig : a, b oder c?
Kreuzen Sie die richtige Antwort an.

1. Frau Mohamed
a.) kocht und bäckt für das Fest. ❑
b.) macht ein Eis für das Fest. ❑
c.) trinkt heute Tee. ❑
d.) mag keinen Tee und keine Suppe. ❑

2. Im Supermarkt
a.) gibt es kein Gemüse und kein Mehl. ❑
b.) kauft das Gemüse die Suppe. ❑
c.) kauft das Eis die Sahne und den Tee ein. ❑
d.) kauft Frau Mohamed Gemüse, Mehl, Eis, Sahne und Tee ein. ❑

3. Frau Mohamed
a.) holt Geld am Bankautomaten. ❑
b.) zahlt in bar. ❑
c.) zahlt mit der EC-Karte. ❑
d.) bezahlt nicht. ❑

Aufgabe 2 Schreiben

Erzählen Sie von einem Fest in ihrem Heimatland.

1. Was essen Sie?
2. Was kochen und backen Sie selbst?
3. Was kaufen Sie ein?
4. Wen laden Sie ein?

Aufgabe 3 Grammatik / Wortschatz

A Kreuzen Sie das richtige Wort an.

1. Frau Mohamed holt ______ Einkaufswagen.

a.) die ❑
b.) der ❑
c.) den ❑

2. Herr Moreno _________ die Speisekarte.

a.) nehmt ❑
b.) nimmst ❑
c.) nimmt ❑

3. Frau Hoffmann ________ die Tomaten in die Tüte.

a.) geben ❑
b.) gibt ❑
c.) gebt ❑

4. Laura / einen Kuchen / mitbringen.

a.) Laura bringt einen Kuchen mit. ❑
b.) Laura mitbringt einen Kuchen. ❑
c.) Laura einen Kuchen mitbringen. ❑

5. Ich esse ________ Eis.

a.) kein ❑
b.) nicht ❑
c.) keine ❑

6. Alexander isst ______ Hamburger.

a.) ein ❑
b.) einen ❑
c.) eine ❑

7. Ich gehe heute ______ einkaufen.

a.) keine ❑
b.) nicht ❑
c.) kein ❑

8. Du ________ die Tür und das Fenster.

a.) öffnen ❑
b.) öffnest ❑
c.) öffne ❑

9. Er _______ fünf Sprachen.

a.) spricht ❑
b.) spriche ❑
c.) sprecht ❑

10. Frau Hoffmann _______ die Zeitung.

a.) lese ❑
b.) lest ❑
c.) liest ❑

11. _______ Flasche kostet einen Euro.

a.) der ❑
b.) die ❑
c.) das ❑

12. Ich höre _____ Gespräch.

a.) die ❑
b.) das ❑
c.) den ❑

Lösungen des Tests

Aufgabe 1 1. a, 2.d, 3.c.

Aufgabe 2 Individuelle Lösungen je nach Leistungsniveau.

Aufgabe 3 1c, 2c, 3b, 4a, 5a, 6b, 7b, 8b, 9a, 10b, 11b, 12b.

Kapitel 3 - Was ist jetzt dran?

Im dritten Kapitel begleiten wir Familie Hoffmann und Familie Moreno durchs Wochenende. Es geht hauptsächlich um das Beschreiben von Tätigkeiten, also wird das Verb im Präsens verstärkt geübt.

Die Texte sind so gestaltet, dass alle Verben, die im Präsens unregelmäßig / stark sind, mehrmals vorkommen und somit auch trainiert werden. Die starken Verben sind ohnehin meist diejenigen Verben, die in der Sprache am häufigsten auftreten.

Inhaltlich folgt dann der Kauf eines Gebrauchtwagens. Dafür benötigt man Fachwortschatz, der den Lernern ermöglicht, selbst bald loszuziehen und sich ein Auto zu kaufen. Grammatisch wird die Pluralbildung aller Nomen geübt, die bislang vorgekommen sind. Gleichzeitig wiederholen sie die Artikel dieser Nomen noch einmal.

Der dritte Abschnitt ist wieder den Tätigkeiten und damit dem Verb gewidmet. Es geht um Uhrzeiten, Termine, Aufforderungen (Imperative). In typischen familiären Alltagssituationen werden noch einmal alle starken (unregelmäßigen) und alle bisher vorgekommenen Verben trainiert und natürlich auch die Uhrzeiten.

Im vierten Abschnitt geht es um das komplexe Thema Versicherungen, das einen komplizierten nominalen Wortschatz mit schwer aussprechbaren Nomen beinhaltet. Die Lerner sind im Inland von Anfang an mit bürokratischen Wortungeheuern konfrontiert, mit Anträgen, Einsprüchen, Widersprüchen und Bescheinigungen, Genehmigungen und so weiter. Auch der Genitiv ist hier keine Seltenheit. Ein Besuch bei der Verbraucherzentrale und das Versichern eines Autos sind hier Erzählgegenstand und der Genitiv wird gleich mit allen bisher gelernten Nomen eingeübt.

Thema des Tages: Was machen wir am Wochenende?

Kompetenzen:
thematisch: Über das Wochenende reden.
grammatisch: schwache und trennbare Verben

Material	Thema und Unterrichtshandlung	Sozialform	Phasen / Ziele / Kompetenzen
LB 3.1. S.64Foto	Impuls: Foto von Herrn Moreno und Herrn Hoffmann. Einfache Fragen: Wer ist das? Was machen die beiden? Haben sie Zeit? Wann haben sie Zeit? Feierabende/ Wochenenden - Gehen Sie auch ins Café? Was machen Sie am Wochenende? Hilfreiche Wörter an die Tafel schreiben.	Freies Gespräch	Sich verständigen mit Hilfe des bisher gelernten Wortschatzes / den Satzstrukturen.
LB 3.1. S.64-65	Lesetext zu zweit vorbereiten. Lesen üben, unbekannte Wörter nachschlagen. Erstes gemeinsames Textverständnis finden. Anschließend lesen einige Lernpaare vor.	Partnerarbeit	Text erschließen, neue Wörter kennen lernen (Verben)
LB 31 S.64	Aufgabe zum Textverstehen im Plenum machen.	Plenum	Sichern des Textverständnisses.
	Kaffeepause		
GB S.21-23, ÜB S. 74-76 Konjug.-Würfel	Wiederholung der Konjugation schwacher und trennbarer Verben. Liste aller starker Verben in der Grammatik lernen. Konjugation spielerisch üben mit dem Konjugationswürfel und mit den Sprechübungen.	Kleine Lerngruppen / Tischgruppen mit Lernen möglichst gleicher / ähnlicher Herkunftssprache.	Verben im Präsens in der richtigen Konjugationsform benutzen.
	Kaffeepause		
Phonetische Übungen LE S.41 Kerzen, Spiegel.	Sprechübungen zum „r", vokalisch oder als Reibelaut ausgesprochen. Sprechübung zum „h".	Plenum: Vorsprechen, wiederholen lassen. „H" mit Kerze üben.	„r" und „h" richtig aussprechen.

Sprechübung

Ph 12

„r“ sprechen wir wie kurzes „a“ am Wortende:

1 Vater Mutter Tochter

2 Ausländer Ingenieur Syrer Engländer

3 Welcher Vater versteht den Fernseher?

4 Wir stellen Bücher vor.

5 Die Nummer bekommt er morgen.

6 Das ist aber teuer.

7 Hier haben wir heute alle Hunger.

8 Wer versteht, woher er kommt?

9 Ihr seid ein Jahr verheiratet.

Ph 13

Der Reibelaut: Er kann leichter gebildet werden, wenn man vom „ch“-Laut ausgeht. Lassen Sie gemeinsam sprechen: „wach“ (sehr langes „ch“ sprechen lassen) und „Ware“.

10 Ralf Rolf Rudolf Richard Rita Renate

11 ich spreche

12 er bringt

13 Straße

14 Adresse

Ph 14

Den Reibelaut in der Mitte kann man auch bei einer Konjugation üben, zum Beispiel beim Konjugieren eines Verbs. Das lässt sich folgendermaßen in der Schwierigkeit steigern:

1. Konjugation von „ehren“ (mit deutlichem langen e)

2. Konjugation von „rühren“ (mit deutlichem „ü“)

3. Konjugation von „hören“ (mit deutlichem „ö“ und „h“.

Ph 15

Sprechübungen zum Reibelaut in der Wortmitte:

15 Der Lehrer spricht im Sprachkurs.

16 Die Lehrerin spricht im Sprachkurs.

17 Richard ist Ingenieur von Beruf.

18 Erst bringt er eine Adresse.

> Kurze Bewegungspause.
> Lüften. Musik. Leichte Gymnastik, Atemübungen.

Ph 16

Zwei Teilnehmer bekommen jeweils eine Kerze, Streichhölzer oder Feuerzeug.

Die Teilnehmer sollen „Heft" sagen und die Kerze dabei so anhauchen, dass die Flamme sich deutlich bewegt.

Lassen Sie bei den Wortreihen anschließend einen kleinen Taschenspiegel
herumgehen. Die Teilnehmer sollen beim „h" den Spiegel deutlich anhauchen.

1	Hamburg	Hannover	Hildesheim
	Hessen	Holstein	Husum
2	haben	Haus	Hauptbahnhof
	heiraten	hier	hören

3 Heute ist Hochzeit am Bahnhof.

4 Hans ist mit der Buchhalterin Hildegard verheiratet.

5 Nachmittags am Wochenende haben sie Brötchen am Bahnhof.

6 Auf Wiederhören.

Thema des Tages: Tätigkeiten beschreiben I

Kompetenzen:
thematisch: Einen Tagesablauf beschreiben.
grammatisch: alle starken Verben im Präsens

Material	Thema und Unterrichtshandlung	Sozialform	Phasen / Ziele / Kompetenzen
LB 3.1. S.66/67 Sprech-übung	Diesmal werden Sprechmuster angeboten, damit die Teilnehmer selbständig einen Tagesablauf erzählen können. Zunächst können diese Muster von Fortgeschritteneren abwechselnd vorgesprochen werden.	Plenum	Einen Tagesablauf vorstellen.
LB 3.1. S.66/67 GR S. 21-23 WS S. 32/33	In kleinen Gruppen wird der Wortschatz mit dem Wörterbuch und dem Wortschatzheft und die Verbformen mit der Grammatik erarbeitet.	Partnerarbeit, oder kleine Arbeitsgruppen mit gleicher oder ähnlicher Herkunftssprache.	Sprechmuster erschließen: einen Tagesablauf beschreiben.
LB 31 S.66/67	Nun können auch Schwächere die Sprechmuster vorspielen.	Plenum	Sichern der Sprechmuster.
	Kaffeepause		
LB S.68-72, Fotos	Betrachten Sie mit den Teilnehmern die Fotos. Klären Sie einige erste Wörter, insbesondere auch die Nomen (Garten, Gartenstuhl, -tisch.....) und schreiben sie diese an die Tafel.	Plenum	Wortschatz zur Situation, erste Vorbereitung des Lesetexts, Handlungsabläufe beschreiben.
LB S. 68-72, Lese-text, WS S.34-35	Vorbereiten und erstes Verstehen des Lesetexts über Arbeit mit dem Wörterbuch, Wortschatz bis Seite 5, lesen üben.	Partnerarbeit mit Lernpartnern gleicher Herkunftssprache.	Textverstehen und Leseübung.
LB S. 68-72 Lesetext	Abwechselndes Vorlesen des Textes im Plenum und dazwischen Aufgaben zum Leseverstehen (S.59/60)	Plenum	Textverstehen und Lesen sichern.
	Kaffeepause		
GR S.21-23 ÜB S. 74-76 mit Würfel	Konjugation spielerisch üben mit dem Konjugationswürfel und mit den Sprechübungen.	Kleine Arbeits- oder Tischgruppe.	Verben im Präsens in der richtigen Konjugationsform benutzen.

Thema des Tages: Tätigkeiten beschreiben II

Kompetenzen:
thematisch: Einen Tagesablauf beschreiben.
grammatisch: alle starken Verben im Präsens

Material	Thema und Unterrichtshandlung	Sozialform	Phasen / Ziele / Kompetenzen
LB S.54-58	Die Teilnehmer erzählen auswendig, was sie noch aus dem Erzähltext wissen. Anschließend kann der Lesetext noch einmal gelesen, das Textverständnis noch einmal gesichert werden.	Plenum	„Sonntags im Garten" nacherzählen.
LB S.54-58	In diesem Text kommen alle starken Verben im Präsens vor. Die Teilnehmer können diese heraussuchen, unterstreichen oder herausschreiben.	Einzel- oder Partnerarbeit	Starke Verben richtig konjugiert verstehen.
	Kaffeepause		
ÜB S.77-84 Übung 4-7	Übungen zu starken, trennbaren und allen starken Verben im Präsens (Lückentexte), dabei auch Wiederholung des übrigen Wortschatzes in neuem Kontext.	Einzel- oder Partnerarbeit	Starke, schwache und trennbare Verben richtig konjugiert benutzen üben. Wiederholung des bisherigen Wortschatzes in neuen Kontexten.
	Kaffeepause		
Phonetische Übungen, LE S. 45 und Spiegel.	Sprechübung zum harten „l", zur Aussprache von „sp" und „st" und zu kurzen und langen Umlauten.	Plenum	richtiges Aussprechen von Konsonanten, dann kurze und lange Umlaute.

Sprechübung

Sprechübung zum harten „l“

Ph 17

(statt, wie in einigen Sprachen üblich, weich gesprochen.)

1. Ludwig und Lisbeth
2. liebe Leute - Liste - Land
3. Ausländer - ebenfalls
4. das kleine Telefon, der gelbe Block und der Bleistift.
5. Schnellhefter - Füller - Fluss
6. Geduld - Platz - Plan
7. Flasche - Fleisch - Fladen
8. Isabell und Laura lesen an der Tafel.
9. Der Löffel liegt im Abfalleimer.
10. Ich hole die Milch.
11. Ich klebe den Block selbst auf den Stuhl.
12. Ich stelle die Lampe neben das Bild.

Sprechübung „sp“ und „st“

Ph 18

1 schicken - schon geschlossen - schön

2 sprechen - Sprache - spielen - spät - Speise - spazieren gehen

3 stellen - Stadt - stehen

4 Liste - Wespe - Taste - Lust - Westen

5 Post Postkarte

6 Hauptstadt - Weltstadt

7 stehen - aufräumen - einverstanden

8 bestätigen - frühstücken - abspülen

9 Ich bestätige: Der Postschalter ist schon geschlossen.

10 Samstag stehen wir spät auf, frühstücken schön, spülen das Geschirr später ab und gehen spazieren.

Kurze Übungs-Pause

„Es grünt so grün, wenn Spaniens Blüten blühen."

Das ist eine Ausspracheübung aus dem Musical „My fair lady",
Die Szene könnte man den Kursteilnehmern vorspielen
und böte so einen Gesprächsanlass.
Szenisch auf https://www.youtube.com/watch?v=-MvpePydqyU
oder noch authentischer auf: https://www.youtube.com/watch?v=6AqR2rzQ_VE
dann abgewandelt auf verschiedene deutsche Dialekte bezogen:
https://www.youtube.com/watch?v=UYH_tpE2-9g

Sprechübung kurze und lange Umlaute

Der Lerner überprüft mit dem Taschenspiegel die richtige Mundstellung beim ü.

langes ü

1 „Es grünt so grün, wenn Spaniens Blüten blühen." **Ph 19**

2 müde - süß - grün - früh - bügeln - spülen - Süden - Büchlein.

kurzes ü

3 Küche - dürfen - drücken

4 Füller - füllen - gefüllt

langes ö - ü - i

5 mögen - müde - mies **Ph 20**

6 Öl - grün - Gras

7 Brötchen - Büchlein - Bierchen

8 schön - süß - Sieb

9 hören - spülen - spielen

kurzes ö - ü - i **Ph 21**

10 Köche - Küche - Kirche

11 öffnen - dürfen - liften

12 geöffnet - gefüllt - Kinder

13 Löffel - Lücke - Liste

Thema des Tages: Einen Gebrauchtwagen kaufen

Kompetenzen:
thematisch: Gespräch mit dem Autohändler.
grammatisch: -

Material	Thema und Unterrichtshandlung	Sozialform	Phasen / Ziele / Kompetenzen
LB 3.2. Fotos von S. 75- 81	Über die Fotos sprechen. Wo kauft man ein Auto? Was braucht man dafür? Wie prüfe ich das Auto? Neue Begriffe (Fachwörter) an die Tafel schreiben und auch mit Wörterbüchern klären lassen. Lassen Sie den Teilnehmern Zeit, das Thema und die neuen Wörter zu verstehen.	Plenum	Fachwortschatz: Autokauf / Alltagskompetenz: ein Auto in Deutschland kaufen.
	Kaffeepause		
LB 75-81, WS S. 36	Vorbereiten und erstes Verstehen des Lesetexts über Arbeit mit dem Wörterbuch. Die Wortschatzseite 36 lernen.	Partnerarbeit oder kleine Gruppe ähnlicher Herkunftssprache	Wortschatz zur Situation.
LB S.75-81	Lesen und verstehen. Lesetext in verteilten Rollen üben. Rollen: Herr und Frau Moreno, sowie ein Verkäufer/ eine Verkäuferin.	Kleine Arbeitsgruppe.	Textverstehen und Leseübung.
LB S. 75-81 Lesetext	Abwechselndes Vorlesen des Textes im Plenum und dann Aufgaben zum Leseverstehen: Wie kaufe ich einen Gebrauchtwagen? (S. 68)	Plenum	Textverstehen und Lesen sichern.
	Kaffeepause		
Phonetische Übungen und Wortdiktat LE S. 48/49	„h" und „ch" in der Wortmitte richtig hören und schreiben (Wortdiktat), dann Ausspracheübungen zu Konsonanten.	Plenum	richtiges Hören und Aussprechen von Konsonanten.

Wortdiktat „h" oder „ch"

Ph 22

1 Bahnhof

2 Beethoven

3 Brathuhn

4 Brathähnchen

5 Mietshaus

6 Wohnheim

7 Mithilfe

Kurze Bewegungspause:

Lüften, Musik, Gymnastik, Atem- und Entspannungsübungen sind möglich.

Sprechübung

Ph 23

ng und nk

1 Tank und Bank - Gang und lang

2 Ordnung - Werbung - Verpackung - Überweisung - Abteilung

3 Pudding - Punkt - pünktlich

4 Verletzung - Verletzungen

Versicherung - Versicherungen

Verpackung - Verpackungen

Überweisung - Überweisungen

Abteilung - Abteilungen

5 bringen und singen

Sprechübung

Ph 24

Wiederholung

„r“ als Reibelaut oder „a“ ausgesprochen

1 fertig - sterben - werben

2 verteilen - verstehen - vergessen

3 Dorn - Korb - Ort - Ordnung

4 vor - vorsichtig - vorstellen

5 wer - der - er

6 welcher - dieser - leider - Dauer

7 wandern - klettern - dauern - feiern - ändern

8 warm - warten

9 bar - Bargeld - Formular

10 erschrecken - brechen - braten

11 Elektro - Auftrag - Betrag

12 Unterschrift - unterschreiben

Ph 25

hartes und weiches „l“

1 anmelden - abmelden - ummelden
2 halten - kalt - alt

3 Plan - Platz - Problem
4 Bleistift - Blick - Bild

5 Ball - Zahl - Qual

6 laufen - abgelaufen - lachen - Lampe
7 vielleicht wirklich - ziemlich

8 pflegen - Pflaume - Pflicht

9 Zettel - Regel
10 Zwiebel - Kartoffel - Schnitzel
11 Löffel - Schüssel

Thema des Tages: Der Autokauf

Kompetenzen:
thematisch: Einen Gebrauchtwagen aussuchen und prüfen.
grammatisch: Artikel, Singular und Plural der Nomen.

Material	Thema und Unterrichtshandlung	Sozialform	Phasen / Ziele / Kompetenzen
Hören 7	Hörübung zum Autokauf mit Arbeitsblatt	Plenum	Wiederholung WS und Textverstehen
LB S. 75-82	Noch einmal Lesen des Textes. Aufgaben zum Textverstehen.	Plenum oder zuvor Erarbeitung in Kleingruppen	Textverstehen Was sage ich beim Autokauf, was prüfe ich?
	Kaffeepause		
GR S. 24-29	Noch einmal absichern, ob alle die Bildung des Artikels (Genus) des Nomens kennen (Wiederholung Kapitel 2.1.). Die Bezeichnung Singular und Plural noch einmal wiederholen/erklären. Einen kurzen Überblick auf der Tafel zu den 5 Pluralgruppen (typische Endungen) geben, dann im Grammatikbuch nachlesen. Im Grammatikbuch werden alle Nomen aufgelistet, die bislang gelernt wurden. (Vgl. WS)	Plenum	Artikel, Singular und Plural des Nomens verstehen.
ÜB S. 85/86 Ball	Spielerische Sprechübung zur Artikel- und Pluralbildung.	Kleine Arbeits-/ Sitzgruppen	Training: richtiger Artikel, richtiger Plural der Nomen lernen.
	Kaffeepause		
Anzeigen Tageszeitung.	Geben Sie in die Arbeitsgruppen unterschiedliche Anzeigenseiten und lassen Sie die Teilnehmer die Anzeigen mit den Gebrauchtwagen lesen. Sie sollen heraussuchen, welches Auto sie interessieren würden und sagen, was an diesem Auto gut ist. (Bei der Qualitätsprüfung können die Teilnehmer sich an das Arbeitsblatt zum Hörverstehen orientieren.)	Kleine Arbeits-/ Tischgruppen, dann Plenum.	Anzeigen lesen, verstehen, Wdh. Wortschatz Autokauf, über den Kauf sprechen.

Hören 11 / 12 Auf dem Automarkt

Gespräch A

HA11

Frau Kunze: Schau mal! Das ist ein schönes Auto! Kein Rost.
Herr Kunze: Ja, der Lack ist gut. Es ist vielleicht ein Garagenwagen.
Frau Kunze: Wie alt ist das Auto?
Herr Kunze: Hier steht das Baujahr. Oh je! Es ist schon zehn Jahre alt.
Frau Kunze: Das Auto hat aber nur 70 000 km auf dem Tacho.
Herr Kunze: Aber der TÜV ist abgelaufen.
Frau Kunze: Wie viel kostet denn das Auto?
Herr Kunze: Hier steht 6 000 Euro.
Frau Kunze: So viel für das Auto? Das nehmen wir nicht.

Gespräch B

HA12

Frau Kunze: Da steht ein Opel Vectra.
Herr Kunze: Ja, das Auto hat nur 40 000 km auf dem Tacho und es hat noch zwei Jahre TÜV.
Frau Kunze: Da steht der Verkäufer. Fragen wir, wie alt das Auto ist und wie viel es kostet.
Verkäufer: Interessieren Sie sich für den Opel?
Herr Kunze: Ja, wie alt ist er denn?
Verkäufer: 7 Jahre alt.
Herr Kunze: Oh, das ist schon sehr viel.
Verkäufer: Ja, aber er hat erst 40 000 km auf dem Tacho und Sie haben noch zwei Jahre TÜV.
Frau Kunze: Wie viel kostet denn das Auto?
Verkäufer: 7 000 Euro.
Herr Kunze: So viel für ein altes Auto? Ich zahle nur 5 000 Euro.
Verkäufer: Das Auto ist aus erster Hand und es ist ein Garagenwagen.
Herr Kunze: Wie sehen denn die Reifen aus? Mmmh, die Reifen sind schon ziemlich abgefahren.
Frau Kunze: Machen wir eine Probefahrt.
Herr Kunze: Zeigen Sie uns noch den Motorraum?
Verkäufer: Bitte schön.
Herr Kunze: Mmmmmmh, der Motorraum ist gepflegt.

Gespräch C

HA13

Herr Kunze: Ich prüfe mal die Kupplung. Die Kupplung ist in Ordnung. Sie stottert nicht nach.
Frau Kunze: Pass auf, lass das Lenkrad nicht los!
Herr Kunze: Keine Angst. Ich prüfe nur die Spur. Es ist gut. Das Auto hält die Spur.
Frau Kunze: Nebengeräusche gibt es auch keine.
Verkäufer: Sind Sie zufrieden mit dem Auto?
Herr Kunze: Ja, nur der Preis.... Ich fahre jetzt erst einmal zurück.
Verkäufer: Also, sie brauchen neue Reifen und das Auto ist schon sieben Jahr alt. Ich biete es Ihnen für 6 000 Euro an.

Hören 11 / 12 Auf dem Automarkt
Arbeitsblatt

Auf dem Automarkt

Aufgabe 1

Hören Sie das Gespräch, vergleichen Sie die beiden Autos und tragen Sie die Daten ein.

	Wie alt ist das Auto?	Wie viel km sind auf dem Tacho?	Hat das Auto TÜV? Wie lange?	Wie kostet das Auto?
Gespräch A				
Gespräch B				

Aufgabe 2

Wie gut ist das Auto?

Kreuzen Sie an: Beschreiben Sie:

	gut	schlecht	
1. Reifen			______________________
2. Motorraum			______________________
3. Kupplung			______________________
4. Lenkung			______________________
5. Motorgeräusch			______________________

Thema des Tages: Die Uhrzeiten

Kompetenzen:
thematisch: Die Uhrzeit
grammatisch: Artikel, Singular und Plural der Nomen.

Material	Thema und Unterrichtshandlung	Sozialform	Phasen / Ziele / Kompetenzen
ÜB S. 87/88	Wiederholungstest: Artikel und Plural der Nomen.	Einzelarbeit	Wiederholung: Artikel- und Pluralbildung.
ÜB S.100 Karton, Schere, Kleber, Pinnadel.	Eine Uhr basteln. Die Uhrzeiten daran oder mit Hilfe einer großen (laminierten) Spieluhr erklären: viertel vor und nach, halb und volle Zeit, Stunde und Minuten. (Tafelbild)	kleine Gruppen oder Einzelarbeit, dann Plenum.	Die Uhrzeiten lesen und verstehen.
	Kaffeepause		
LB S. 83-85	Sprechübungen mit den Fotos	Plenum	Uhrzeiten lesen/verstehen.
ÜB S. 100-101	Uhrzeiten lesen und aufschreiben	Einzel- / Partnerarbeit	Uhrzeiten lesen und schreiben können.
	Kaffeepause		
Phonetische Übungen LE S. 54	Vokale i - e - ä - ö hörend unterscheiden und deutlich unterschiedlich sprechen üben.	Plenum	richtiges Hören und Aussprechen von ähnlichen Vokalen

Wortdiktat

Ph 26

1 Mieter - Meter - Makler
2 Kinder - Käse - Köpfe
3 Empfänger - Hände - Sätze
4 Pläne - Mädchen - Gespräch
5 erinnern - ärgern

6 sehr schön aussehen
7 Sie möchte lieber ein Mädchen.
8 Ihr zählt die Sätze und erklärt sie.
9 Er beendet das Gespräch.
10 Ihr schätzt den Preis.
11 Wir sehen die nächsten Pläne.

Kurze Bewegungspause:

Lüften, Musik, Gymnastik, Atem- und Entspannungsübungen sind möglich.

Sprechübung. Das „h" zwischen den Vokalen:

Ph 27

1 Ich sehe Krähen in der Nähe.

2 Ich sehe Kühe in der Nähe.

3 Ich gehe in die Höhe.

4 Ruhe - ruhig

Wiederholen Sie anschließend schwierige Konsonanten/Vokale
aus den Übungen der letzten Tage!

Thema des Tages: Familie Hoffmann ohne Mutter

Kompetenzen:
thematisch: Tagesablauf / Termine / Jemanden bitten oder auffordern, etwas zu tun.
grammatisch: Verben - der Imperativ

Material	Thema und Unterrichtshandlung	Sozialform	Phasen / Ziele / Kompetenzen
LB S.90-102, Fotos und Uhr	Impuls: Fotos und Uhren. Wie viel Uhr ist es? Was machen die Kinder auf den Bildern? Tätigkeiten auf den Fotos beschreiben und Uhrzeiten wiederholen. Neue Wörter an die Tafel.	Plenum.	Uhrzeiten, Tagesablauf, Tätigkeiten beschreiben (Wiederholung und neue Wörter).
LB S.86-88 WS S. 37/38 GR S S. 30	Leseübung / Sprechübung zunächst einmal gemeinsam, dann in Arbeitsgruppen Wortschatz erarbeiten und Imperative heraussuchen.	Plenum / Arbeitsgruppen / Plenum.	Jemanden bitten etwas zu tun (Imperativ) verstehen und Imperative selbst bilden.
	Kaffeepause		
ÜB S. 89	Sprechübungen spielerisch im Dialog: Imperative mit schwachen, trennbaren und starken Verben bilden.	Partnerarbeit	(höfliche) Aufforderungen aussprechen und Befehle geben.
	Kaffeepause		
selbst gebastelte Uhr (s.o.)	Kommunikationsspiel. Die Uhr geht reihum: Schreiben Sie folgendes Sprechmuster dazu an die Tafel: (A stellt die Uhr, B fragt:) B: „Was machst du | um 9.00 Uhr? | um .... ? A: „Ich | gehe einkaufen." | ... (Ein dritter oder derjenige, der die Uhr gestellt hat, macht daraus eine Aufforderung:) C: „Geh | um 9.00 Uhr | einkaufen!" ... | um ... | ... !	Plenum oder kleine Gruppen	Uhrzeiten wiederholen, Aufforderungen üben, sichern von Imperativ und Uhrzeit.

Thema des Tages: Termine - Einen Stundenplan machen

Kompetenzen:
thematisch: Tagesablauf / Termine / Jemanden bitten oder auffordern, etwas zu tun.
grammatisch: Verben - der Imperativ

Material	Thema und Unterrichtshandlung	Sozialform	Phasen / Ziele / Kompetenzen
LB S.89/90	Die Nachmittagstermine der Kinder Leseübung und Textverstehen.	Plenum.	Lesen / Textverstehen
LB S.86-90 WS S. 37/38 GR S.30	Aus dem Lesetext einen Stundenplan der Kinder machen.	Einzel- / Partnerarbeit, Plenum	Textarbeit
	Kaffeepause		
ÜB S.90-92	Imperative im Kontext richtig bilden. (Schwache, alle starken und trennbaren Verben). Wiederholung des Wortschatzes in neuem Kontext.	Einzel- / Partnerarbeit	Imperative richtig bilden/ Redekompetenz: jemanden bitten, etwas zu tun.
	Kaffeepause		
Phonetische und orthographischeÜbung LE S.56	Wortdiktat zur Endung -ig und -ich und Regel finden.	Plenum	Endungen, die gleich ausgesprochen, aber unterschiedlich geschrieben werden, verstehen.
Selbst gebastelte Uhr	Kommunikationsspiel von tags zuvor wiederholen.	Sitzkreis	Uhrzeiten und Aufforderungen wiederholen

Wortdiktat 1

Ph 28

Wann schreibt man -ig, wann schreibt man -ich und wann -isch?

1 endlich - selbstverständlich - glücklich

2 fertig - günstig - richtig

3 praktisch - ausländisch - automatisch

4 wirklich - vorsichtig - gemütlich

5 wichtig - unterschiedlich - zuzüglich

Finden Sie eine Regel!

Wortdiktat 2

Ph 29

Wann schreibt man ü, wann i?

1 schließen - Schlüssel
2 hier - hübsch.

3 Ihr dürft bügeln.

4 Ihr müsst pünktlich hier sein.

5 Hier müsst ihr eine Münze geben.

6 Füllen Sie bitte die Rückseite aus.

7 Er kündigt dem Vermieter den Vertrag.

8 Er ist müde von der Übung.

Thema des Tages: Bei der Verbraucherzentrale I

Kompetenzen:
thematisch: Sich Rat suchen.
grammatisch: das Verb „wissen"

Material	Thema und Unterrichtshandlung	Sozialform	Phasen / Ziele / Kompetenzen
LB S.91	Seite 77 ansehen. Was ist eine Verbraucherzentrale? Welche Informationen bekommt man?	Plenum	Alltagskompetenz: Die Beratungsmöglichkeiten bei der Verbraucherzentrale kennen lernen.
Internet	Mit den Teilnehmern eine Internetrecherche machen und die Seite der Verbraucherzentrale gemeinsam ansehen: www. meine verbraucherzentrale.de Außerdem können auch Seiten lokaler Beratungsstellen für Migranten usw. herausgesucht und gelesen werden.	Plenum / Einzel- oder Partnerarbeit	Sich Rat im Netz suchen.
	Kaffeepause		
GR S. 31	Das Verb „wissen" ist eine Ausnahme unter den unregelmäßigen (starken) Verben im Präsens, daher wird es gesondert gelernt. Da es inhaltlich mit „kennen" gern verwechselt wird, werden beide Verben in der Grammatik gegenübergestellt. Die Lerner sollen anhand der Beispiele die Unterschiede verstehen.	Plenum	Das Verb „wissen" von „kennen" unterscheiden und seine besondere Konjugation kennen lernen.
Würfel	Das Verb „wissen" mit dem Konjugationswürfel üben	Kleine Arbeitsgruppe	„wissen" konjugiert üben.
ÜB 98/99	Einsetzübung zu „wissen" und „kennen" dabei Wiederholung des Wortschatzes im neuen Kontext.	Einzel-/Partnerarbeit	„wissen" und „kennen" im Kontext konjugiert richtig benutzen.
	Kaffeepause		
LB S.92/93	Leseübung und Aufgaben zum Textverstehen (Wortschatz nachschlagen)	Plenum, dann Einzel-/Partnerarbeit und wieder Plenum.	Ein Beratungsgespräch kennen lernen.

Thema des Tages: Bei der Verbraucherzentrale II

Kompetenzen:
thematisch: An einem Beratungsgespräch teilnehmen.
grammatisch: Satzstrukturen: „wenn"-Sätze

Material	Thema und Unterrichtshandlung	Sozialform	Phasen / Ziele / Kompetenzen
Hören 14/15 mit Arbeitsblatt (LE S. 60/61	Hörverstehen, Anschließend Gesprächsgegenstand: Versicherung (Haftpflicht-, Lebensversicherung, Krankenversicherung usw.)	Plenum	Alltagskompetenz: Ein Beratungsgespräch verstehen. Versicherungen in Deutschland kennen lernen.
	Kaffeepause		
LB S.92/93	Lesetext: Ein Beratungsgespräch lesen und verstehen. Zunächst in kleinen Gruppen Wortschatz verstehen und Text lesen üben, dann im Plenum vorlesen lassen und über die Inhalte reden. Aufgaben zum Textverstehen gemeinsam klären.	Partnerarbeit oder in kleinen Gruppen, dann Plenum.	Wie läuft ein Beratungsgespräch ab, was kann ich davon erwarten?
	Kaffeepause		
LB S.96	Wenn-Sätze zunächst erklären, dann üben (Ball zuwerfen) .	Plenum, dann gemeinsam oder in kleiner Gruppe üben.	Wenn-Sätze richtig anwenden und mit korrekter Satzstruktur sprechen.

Hören 14-15 - In der Verbraucherzentrale

Gespräch A

HA 14

Frau Kunze: Guten Tag. Bin ich hier richtig in der Verbraucherzentrale?

Sekretärin: Ja, Sie sind richtig. Brauchen Sie ein Beratungsgespräch?

Frau Kunze: Ja, ich möchte mich über Versicherungen informieren.

Sekretärin: Sprechen Sie mit Herrn Bauer. Er hat gerade Zeit. Kommen Sie mit.

Frau Kunze: Guten Tag, Kunze, mein Name.

Herr Bauer: Guten Tag, Bauer. Setzen Sie sich bitte.

Frau Kunze: Danke schön.

Gespräch B

HA 15

Frau Kunze: Ich möchte gerne wissen, welche Versicherungen eine Familie mit zwei Kindern braucht.

Herr Bauer: Neben der gesetzlichen Krankenversicherung gibt es auch private Krankenversicherungen. Außerdem gibt es eine private Haftpflichtversicherung, eine Hausratversicherung, eine Rechtschutzversicherung und eine Lebensversicherung und....

Frau Kunze: Oh Gott! Das reicht. Ich habe keine Ahnung. Ich verstehe überhaupt nichts.

Herr Bauer: Neben der gesetzlichen Krankenversicherung brauchen Sie vielleicht erst einmal nur zwei Versicherungen. Eine private Haftpflichtversicherung und eine Risiko-Lebensversicherung.

Frau Kunze: Was ist denn das?

Herr Bauer: Eine Haftpflichtversicherung ist meistens für die ganze Familie. Wenn Ihre Kinder noch in der Ausbildung sind und noch kein Geld verdienen, dann sind sie automatisch mitversichert.

Frau Kunze: Gegen was sind wir dann versichert?

Herr Bauer: Wenn Sie oder Ihre Kinder oder Ihr Mann bei einem anderen Menschen etwas kaputt machen, bezahlt die Versicherung den Schaden.

Frau Kunze: Achso, das ist gut. Ist diese Versicherung denn teuer?

Herr Bauer: Aber nein. Sie zahlen im Jahr ungefähr 50 Euro. Die Tarife sind unterschiedlich. In dieser Zeitschrift finden Sie günstige Versicherungen. Hier finden Sie alle Versicherungen und was sie im Schadensfall bezahlen, wie gut und wie teuer sie sind.

Frau Kunze: Vielen Dank. Ach, hier steht auch etwas über die Lebensversicherung und andere Versicherungen. Das ist interessant.

Herr Bauer: Ja, lesen Sie das gut. Gehen Sie erst dann zum Versicherungsberater. Dann kann er sie nicht betrügen.

Hören 14/15
Arbeitsblatt

In der Verbraucherzentrale

Aufgabe 1 Gespräch A

a. Hier sind die Sätze durcheinandergeraten.
Finden Sie die richtige Reihenfolge und nummerieren Sie die Sätze.

b. Hören Sie dann das Gespräch noch einmal. Schreiben Sie auf, wer welche Sätze spricht:
Frau Kunze, die Sekretärin, Herr Bauer.

	a	b
Guten Tag, Kunze ist mein Name.		
Guten Tag, Bauer, mein Name.		
Guten Tag, bin ich hier richtig in der Verbraucherzentrale?	1	Frau Kunze
Setzen Sie sich, bitte.		
Ja, ich möchte mich über Versicherungen informieren.		
Ja, Sie sind richtig. Brauchen Sie ein Beratungsgespräch?		
Danke schön.		
Sprechen Sie mit Herrn Bauer. Er hat gerade Zeit. Kommen Sie mit.		

Aufgabe 2 Gespräch B

a. Welche Versicherungen braucht Frau Kunze? Kreuzen Sie an.

1 Unfallversicherung ❑
2 Hausratversicherung ❑
3 Kapital-Lebensversicherung ❑
4 Krankenversicherung ❑
5 Haftpflichtversicherung ❑

b. Was bezahlt die private Haftpflichtversicherung? Kreuzen Sie an. Nur eine Antwort ist richtig.

1 Sie bezahlt bei einem Autounfall. ❑
2 Sie bezahlt, wenn man die Miete nicht mehr bezahlen kann. ❑
3 Sie bezahlt, wenn man bei anderen Leuten etwas kaputt macht. ❑

c. Was erfährt Frau Kunze aus der Zeitschrift? Kreuzen Sie an. Nur eine Antwort ist richtig.

1 Sie erfährt, welche Versicherungen am besten sind. ❑
2 Sie erfährt nur etwas über Lebensversicherungen. ❑
3 Sie erfährt, wo sie die beste Verbraucherzentrale findet. ❑

Thema des Tages: Ein Auto versichern.

Kompetenzen:
thematisch: Die Kraftfahrzeugversicherung
grammatisch: Nomen. der Genitiv

Material	Thema und Unterrichtshandlung	Sozialform	Phasen / Ziele / Kompetenzen
LB S.94/95	Zunächst über die Fotos sprechen: Was passiert bei einem Unfall? Was muss ich tun? Was ist eine KFZ-Haftpflichtversicherung.	Plenum	Alltagskompetenz: Was tun bei einem Unfall in Deutschland?
LB S.94/95 und WS S.38-39	Text erarbeiten. Wortschatz mit Wörterbuch erarbeiten und lernen. Am Ende vorlesen lassen.	Lernpartner oder Kleingruppe, dann Plenum.	Text und Fachwortschatz erarbeiten.
	Kaffeepause		
LB S.97	Genitiv erklären und Sprechübung gemeinsam machen.	Plenum	Genitiv verstehen und an Beispielen mündlich üben.
LB S.97 unten. (nach draußen gehen)	Die Titelseiten von Zeitschriften an einem Kiosk lesen und gemeinsam darüber sprechen.	Gemeinsam an einen Kiosk gehen.	Alltagskompetenz: Schlagzeilen von Zeitungen verstehen.
	Kaffeepause		
ÜB S.102/103 GR S.32	Sprechübungen spielerisch zum Genitiv üben. Anschließend Einsetz-Übungen beginnen Übung S.103.	Lernpartner oder kleine Arbeitsgruppen	Genitiv im Kontext üben, bekannten Wortschatz in neuem Kontext nutzen.

Thema des Tages: Verträge

Kompetenzen: Verträge prüfen und vorsichtig abschließen.
thematisch: Ratschläge geben
grammatisch: Nomen: der Genitiv / dieser und welcher

LB S. 98	Wiederholung / freies Gespräch über den Lesetext des gesamten Abschnitts (S.91-98), anschließend vorbereitend klären: Wie gehe ich mit Verträgen richtig um?	Plenum	Alltagskompetenz: Wie gehe ich mit Verträgen um?
LB S.98 und WS S.39-40	Text erarbeiten. Wortschatz mit Wörterbuch erarbeiten und lernen. Am Ende vorlesen lassen.	Lernpartner oder Kleingruppe, dann Plenum.	Text und Fachwortschatz erarbeiten.
LB S.99	Textverstehen: Herrn Bauers Ratschläge zu Verträgen in ganzen Sätzen formulieren.	Plenum	Sichern: Umgang mit Verträgen.
	Kaffeepause		
ÜB S. 103-108.	Genitiv üben, bekannten Wortschatz in neuem Kontext benutzen.	Plenum	Den Genitiv sicher aktiv beherrschen.
	Kaffeepause		
LB S. 100	Sprechübung: „dieser und welcher", dabei Wiederholung: Welche Versicherungen gibt es und wozu braucht man sie? Die Fragen gemeinsam beantworten.	Plenum	Wozu braucht man welche Versicherung? Sicherung: Alle haben die notwendigsten Inhalte verstanden.

Am nächsten Tag kann wiederholt und der Test geschrieben werden.

Test

Name: ....

Aufgabe 1 Lesen

Frau Kunze geht zur Verbraucherzentrale. Sie hat um 10.30 Uhr ein Beratungsgespräch. Herr Meyer berät sie. Sie braucht eine Haftpflichtversicherung für die Familie.
Herr Meyer hat eine Marktübersicht in einer Broschüre.
Herr Meyer rät: „Wenn der Tarif im Monat günstig ist, ist es nicht immer die beste Versicherung. Lesen sie auch, wie lange die Laufzeit und die Kündigungsfrist ist und was die Versicherung im Schadensfall bezahlt."
Frau Meyer sagt: „Vielen Dank für die Beratung. Ich bin vorsichtig und lese zu Hause die Broschüre."
Herr Meyer: „Das ist gut. Wenn Sie unterschreiben, ist der Vertrag gültig."

Was ist richtig : a, b oder c?
Kreuzen Sie die richtige Antwort an.

1. Frau Kunze:
a. ... berät Herrn Meyer. ❑
b. .... fragt Herrn Meyer. ❑
c. .... kennt gute Versicherungen. ❑

2. Herr Meyer
a. ... berät Frau Kunze. ❑
b ... braucht eine neue Versicherung ❑
c ... hat keine Ahnung. ❑

3. Eine Versicherung ist gut,
a. wenn der Tarif günstig ist. ❑
b. wenn sie im Schadensfall bezahlt. ❑
c. wenn sie eine lange Kündigungsfrist hat. ❑

Aufgabe 2 Schreiben

Was machen Sie am Wochenende?

Schreiben Sie darüber 10 Sätze.

___

___

___

___

___

___

___

___

___

___

___

___

Aufgabe 3 Grammatik / Wortschatz

Kreuzen Sie das richtige Wort an.

1. Er __________ am Wochenende viel.
   - a. schlaft ❑
   - b. schlieft ❑
   - c. schläft ❑

2. Sie ________ den Kindern bei den Hausaufgaben.
   - a. helft ❑
   - b. hülft ❑
   - c. hilft ❑

3. Das Glas ___________________ .
   - a. zerbricht ❑
   - b. zerbrecht ❑
   - c. zerbracht ❑

4. Er hat eine Tochter und zwei _____________ .
   - a. Sohne ❑
   - b. Söhner ❑
   - c. Söhne ❑

5. Verstehst du die fünf _______________ ?
   - a. Regel ❑
   - b. Regeln ❑
   - c. Regels ❑

6. Ich bekomme viele ___________ .
   - a. e-Maile ❑
   - b. e-Mails ❑
   - c. e-Mail ❑

7. Bitte, Hans, ______________ das heute!
   - a. unterschreibst ❑
   - b. unterschreiben ❑
   - c. unterschreib ❑

8. Du, ich komme heute zu spät.
   ____________________ das bitte!
   - a. entschuldig ❑
   - b. entschuldige ❑
   - c. entschuldigst ❑

9. Ja, er ___________, er hat noch einen Termin.
   - a. weißt ❑
   - b. wisst ❑
   - c. weiß ❑

10. Wie viel Uhr ist es?- Es ist 10.30 Uhr.

a. Es ist halb zehn. ❑
b. Es ist halb elf. ❑
c. Es ist eine halbe Stunde nach elf. ❑

11. Die Sekretärin ________ ist krank.

a. des Firmas ❑
b. der Firma ❑
c. der Firmas ❑

12. Der Chef ___________ ist zu Hause.

a. des Restaurants ❑
b. der Restaurant ❑
c. des Restaurantes ❑

Lösungen des Tests

Aufgabe 1
1b, 2a, 3b.

Aufgabe 3
1c, 2c, 3a, 4c, 5b, 6b, 7c, 8b, 9c, 10b, 11b, 12a.

Kapitel 4 - Was folgt nun?

Im vierten Kapitel geht Familie Jonosa auf Wohnungssuche. Sie nehmen Kontakt mit Vermietern auf, finden eine Wohnung und ziehen um. Auch beim Anmelden der neuen Wohnung auf der Gemeinde sind wir dabei und schließlich beim Feiern der neuen Wohnung mit den beiden anderen Familien, die beim Umzug geholfen haben.

Im ersten Abschnitt wird verstärkt mit Modalverben gearbeitet, die auch im Übungsbuch auf vielfältige Weise trainiert werden. Zum einen gibt es umfangreiche Übungen zu Sprechgelegenheiten, zum anderen schriftliche Übungen zur Vertiefung. Es sind immer alltagsnahe Sprechanlässe, die zum Trainieren der neuen Struktur, vorgeschlagen werden. Typische Sprechmuster sollen sich dabei automatisieren. Es geht darum, höflich um etwas zu bitten, Vorschläge zu machen, Verbote und Wünsche auszudrücken und zu verstehen, Unterschiede zwischen „sollen", „müssen", „möchten", „mögen", „dürfen und „können" zu verstehen und zu nutzen, erweitert die Sprachkompetenz um ein Vielfaches. Sie eröffnet differenziertere Kommunikationsmöglichkeiten bei sozialen Kontakten.

Die drei weiteren Abschnitte sind dem Kasus der Nomen, insbesondere dem Dativ gewidmet und den Possessiv- und Personalpronomen. Nur wenn das Geschlecht des Nomens sicher ist, kann auch der Kasus und auch das Pronomen richtig benutzt werden. Daher wird in den umfangreichen Sprech- und Schreibübungen immer wieder der Wortschatz aus den letzten Kapiteln wiederholt und in anderen alltäglichen Sprechanlässen aktualisiert.

Neben der Sicherheit im täglichen Leben, soll auch das Gespräch auf Behörden geübt, der Fachwortschatz für die Anmeldung eines Wohnsitzes und Beantragen von Wohngeld erarbeitet werden. Das Kapitel thematisiert generell den Umgang mit Ämtern und Behörden und sensibilisiert dafür, dass man in Deutschland Melde- und Nachweispflichten hat. Es fokussiert die Verbindlichkeit von Schriftstücken, die Ausweispflicht usw. - Schließlich soll den Lernern transparent werden, wer wofür zuständig ist.

Thema des Tages: Eine Wohnung über Anzeigen suchen

Kompetenzen:
thematisch: Zeitungsanzeigen lesen und verstehen.
grammatisch: Modalverben verstehen und konjugiert benutzen.

Material	Thema und Unterrichtshandlung	Sozialform	Phasen / Ziele / Kompetenzen
LB 4.1. S.102	Impuls-Fotos: Wie wohnen die Deutschen? Wie möchte ich wohnen? Wie wohne ich in Deutschland? Gefällt mir das? Pläne schmieden...	Freies Gespräch	Sich austauschen: Gefühle und Geschmacksurteile.
LB 4.1. S.103-105 WS S.41-46	Lesetext „Familie Jonosa sucht eine Wohnung" zu zweit vorbereiten. Lesen üben, unbekannte Wörter nachschlagen. Erstes gemeinsames Textverständnis finden. Anschließend lesen einige Lernpaare vor.	Partnerarbeit	Text erschließen, neue Wörter kennen lernen (Verben). Wohnungssuche über die Anzeigen einer Tageszeitung. Anschließend: Textverstehen sichern.
LB 4.1. Anzeigen auf S. 104 oder Anzeigen einer regionalen Zeitung.	Tisch- oder Arbeitsgruppen lesen Anzeigen und tauschen sich darüber aus und äußern sich zu einzelnen Anzeigen (Aufgaben S. 91). Anschließend werden Ergebnisse im Plenum vorgestellt.	Gruppenarbeit	Anzeigen einer Tageszeitung lesen und verstehen und für eigene Zwecke nutzen /reflektieren (Wohnungssuche).
	Kaffeepause		
GR 4.1., S.33-34, ÜB 4.1., S.122-124, Übg, 1,2	Konjugation der Modalverben vorstellen und gemeinsam lesen.	Lehrervortrag, Plenum	Bedeutung der Modalverben und die besondere Konjugation dieser Verben verstehen.
GR 4.1., S. 33 mit Konjugationswürfel	Bedeutung der Modalverben in kleinen Gruppen erarbeiten und die Konjugation mit dem Konjugationswürfel üben.	Gruppenarbeit	Üben der Konjugation und vertiefende Erarbeitung der Bedeutung.
ÜB 4.1. S. 122-127, Übg. 1,2	Schriftlich Übung 1 und 2 (konjugiert einsetzen und Bedeutung verstehen), inhaltlich Wohnungssuche und Wdh. Autokauf.	Partner- oder Einzelarbeit.	Anwenden und Sichern. Nutzen des neuen (Wohnungssuche) und Wiederholung des alten Wortschatzes. (Autokauf)
	Kaffeepause		
WS 4.1. Seite S. 36-40	In kleinen Gruppen / Lernpartnern Wortschatz erarbeiten und lernen.	ähnl. Herkunftssprache zus.arb.	Wortschatz: Wohnungsanzeigen lesen ...
Phonetik und Wortdiktat, LE S.70	Schreiben, Verstehen und Vorlesen langer deutscher Komposita.	Plenum	lange Komposita lesen und verstehen können.

Sprechübungen und Wortdiktat „sp" - „st" - „sch"

Ph 30

1. Schreiben Sie die Wörter an die Tafel und lassen Sie die Teilnehmer die Wörter lesen und erklären.

2. Schließen Sie die Tafel und diktieren Sie die Wörter.

1 Aushilfstätigkeit

2 Bushaltestelle

3 Straßenschild

4 Verbotsschild

5 Arbeitsberatung

6 Wortspiel

7 Wohnungsanzeige

8 Telefongespräch

9 Großstadt

10 Stadtverwaltung

11 Staatsangehörigkeit

12 Migrationshintergrund

13. Berufstätigkeit / berufstätig sein

14. Selbstverständlichkeit / selbstverständlich 15. Sprechanlage

16. Herkunftssprache

17. Einzugstermin

Thema des Tages: Einen Vermieter anrufen

Kompetenzen:
thematisch: Wie nehme ich telefonisch Kontakt auf?
grammatisch: Modalverben richtig benutzen (Satzbau)

Material	Thema und Unterrichtshandlung	Sozialform	Phasen / Ziele / Kompetenzen
Hören 9, LE S.73/74	Mit einem Vermieter telefonieren.	Plenum	Ein Telefonat mit einem Vermieter verstehen.
LB 4.1., S.106-109, Aufgabe 1, WS S. 36-40	Lesetext: Frau Jonosa telefoniert mit Vermietern (bis S.94) zu zweit vorbereiten. Lesen üben, unbekannte Wörter nachschlagen. Erstes gemeinsames Textverständnis finden	Partnerarbeit	Text erschließen, neue Wörter lernen, vorlesen üben.
LB 4.1., S. 106-109	Gemeinsam lesen des Textes und Aufgabe 1: Nacherzählen des Textes	Plenum	Sichern des Textverständnisses, freie Wiedergabe des Textes von stärkeren Lernern.
	Kaffeepause		
GR 4.1., S.34	Satzbau bei Modalverben vorstellen / lesen / erklären.	Lehrervortrag, Plenum.	Satzbau von Sätzen mit Modalverben verstehen.
ÜB 4.1. Übg. 3-12 S.128-140	Sprechübungen zu den Modalverben nach Sprechmustern. (individuelles Tempo je nach Leistung der Lerngruppe möglich. / Arbeitsplan, Freiarbeit mögl.)	Partnerarbeit	Modalverben in Alltagssituationen nach sinnvollen Sprechmustern trainieren.
	Kaffeepause		
ÜB 4.1. Übg. 3-12 S.128-140,	Jeweils einige Sätze aus den Übungen stichprobenartig ausführen lassen.	Plenum	Sichern: Satzbau bei Modalverben
LB S.109	Dialoge: Beim Vermieter anrufen üben.	Partnerarbeit	Mit einem Vermieter telefonieren üben.

Hören 16-18 Wohnungssuche

Gespräch A

HA16

Verkäufer: Bitte schön?
Herr Krause: Die Tageszeitung, bitte.
Verkäufer: Bitte schön. Das macht 1 Euro 50.... Danke schön, tschüss.
Herr Krause: Tschüss.

Gespräch B

HA17

Frau Mai: Guten Tag.
Herr Krause: Guten Tag. Hier spricht Krause. Ich rufe wegen der Anzeige in der Zeitung an. Ich interessiere mich für die 3-Zimmer-Wohnung in Melle.
Frau Mai: Tut mir leid. Die Wohnung ist schon weg.
Herr Krause: Das ist schade, aber da kann man nichts machen. Vielen Dank. Auf Wiederhören.
Frau Mai: Auf Wiederhören.

HA18

Gespräch C

Herr Krause: Da ist noch eine interessante Wohnung in Osterkappeln. Da rufe ich an.
Herr Hansen: Hansen.
Herr Krause: Guten Tag, Herr Hansen. Hier spricht Krause.
Herr Hansen: Guten Tag.
Herr Krause: Ich rufe wegen der Anzeige in der Zeitung an. Ich interessiere mich sehr für die Wohnung in Osterkappeln. Ist die Wohnung noch frei?
Herr Hansen: Ja, das ist ein Mehrfamilienhaus mit 3-, 2- und 1-Zimmer-Wohnungen. Die 1- und 2-Zimmer-Wohnungen sind schon weg. Wir haben noch zwei 3-Zimmer-Wohnungen. Möchten Sie die Wohnungen ansehen?
Herr Krause: Ja, sehr gerne.
Herr Hansen: Die Wohnungen sind aber noch nicht fertig. Der Einzugstermin ist September.
Herr Krause: Ach, das macht nichts. Aber ich möchte mir die beiden Wohnungen sehr gerne einmal ansehen.
Herr Hansen: Ja, gerne. Haben Sie heute Nachmittag Zeit?
Herr Krause: Ja, ab 15.00 Uhr.
Herr Hansen: Gut, kommen Sie um 16.00 Uhr. Das Haus liegt Im Wiesengrund 15. Wenn Sie nach Osterkappeln kommen, gleich an der Tankstelle rechts.
Herr Krause: Das finde ich schon. Ich sehe auf Google Maps nach.
Herr Hansen: Gut. Auf Wiedersehen.
Herr Krause: Auf Wiedersehen.

Hören 16/17 Wohnungssuche
Arbeitsblatt

Wohnungssuche

Gespräch A und B

Was sagt Herr Krause? Ergänzen Sie die fehlenden Wörter.

1. Eine ____________________ bitte.

2. Guten Tag, hier spricht Krause.

Ich rufe ____an.

Ich interessiere ____ in Melle.

3. _______________________________, aber da kann man nichts machen. Vielen Dank. Auf Wiederhören.

Schauen Sie sich im Lehrbuch noch einmal die Wohnungsanzeigen auf Seite 90 an. Auf welche Wohnungsanzeige ruft Herr Krause an?

Gespräch C

Was sagt Herr Krause? Ergänzen Sie die fehlenden Wörter.

1. Ich rufe ____ an.

Ich _________________________________ sehr ________ die Wohnung in Osterkappeln.

Ist _______________________________________ ?

2. Ach, _______________________________, aber ich möchte mir die beiden Wohnungen sehr

gerne __________________________ .

3. Ja, ab ____________________ .

4. Das finde ich schon. Ich ____ nach.

Schauen Sie sich im Lehrbuch noch einmal die Wohnungsanzeigen auf Seite 90 an. Auf welche Wohnungsanzeige ruft Herr Krause jetzt an?

Thema des Tages: Eine Wohnung im Internet suchen.

Kompetenzen:
thematisch: Seriöse Wohnungsbörsen im Internet finden,
sich anmelden und inserieren.
grammatisch: Modalverben richtig benutzen (Konjugation, Bedeutung, Satzbau)

Material	Thema und Unterrichtshandlung	Sozialform	Phasen / Ziele / Kompetenzen
LB S.109	Die tags zuvor eingeübten Dialoge: „Beim Vermieter anrufen" (S.95, Aufgabe 2) vorspielen.	Plenum	Vermieter telefonisch kontaktieren. (Wiederholung, Sicherung)
LB S.110 WS S.41-46	Kurze Phase: Lesetext zu zweit vorbereiten. Lesen üben, unbekannte Wörter nachschlagen. Erstes gemeinsames Textverständnis finden.	Einzel- oder Partnerarbeit	Text erschließen, neue Wörter klären, Lesen üben.
LB S. 110	Gemeinsames Lesen des Textes. Freies Gespräch über das Internet. Woran kann man seriöse Seiten erkennen? Beispiele für Wohnungsbörsen nennen.	Plenum	Sichern des Textverständnisses. Freies Gespräch über seriöse Seiten im Netz.
	Kaffeepause		
LB S. 110 und Internet z.B. über Smartphone und Beamer.	Wohnungsbörsen heraussuchen. Wie meldet man sich an? Jeder (oder jeweils in Partnerarbeit) sucht sich eine Anzeige seiner Wahl aus.	Plenum	Wohnungsanzeigen im Internet lesen und verstehen. Wie meldet man sich an?
LB S. 110 (Aufgabe)	Einen Brief an einen Vermieter schreiben. (Schöne Briefe vorlesen, die Briefe zum Korrigieren mit nach Hause nehmen und später individuell Rückmeldung geben.)	Partner	Sich frei schriftlich ausdrücken.
	Kaffeepause		
ÜB 4.1. Übg. 3-12 S. 128-140	Sprechübungen zu den Modalverben nach Sprechmustern. (Fortsetzung des gestrigen Arbeitsplans, Freiarbeit mögl.)	Einzel- oder Partnerarbeit	Modalverben in Alltagssituationen nach sinnvollen Sprechmustern trainieren.
ÜB 4.1. Übg. 3-12 S.128-140	Jeweils einige Sätze aus den Übungen stichprobenartig ausführen lassen.	Plenum	Modalverben richtig benutzen (Sicherung).

Thema des Tages: Telefonieren.

Kompetenzen:
thematisch: Wie telefoniere ich richtig.
grammatisch: Wiederholung Modalverb.

Material	Thema und Unterrichtshandlung	Sozialform	Phasen / Ziele / Kompetenzen
LB S.54-58	Wiederholung: „Sonntags im Garten" Nacherzählen des Lesetextes mit Hilfe der Fotos. Wiederholung der Wörter.	Zunächst in Partnerarbeit, dann im Plenum.	Wiederholung, insbesondere von Verben (Konjugation starker Verben) und des übrigen Wortschatzes aus Kapitel 3.1.
ÜB 4.1. S. 141-143, Übg. 13,14.	In Übg. 13 wird der Text aus Kap. 3.1. wieder aufgegriffen, aber verändert. Hier sollen die Modalverben noch einmal richtig eingesetzt werden. Übg. 14 ist ebenfalls eine Übg. zu Modalverben und erzählt eine offene Geschichte über eine Affaire.	Partner- oder Einzelarbeit.	Wiederholung und Sicherung der Modalverben.
ÜB 4.1. S. 143 Übg. 14	Übg. 14 nacherzählen lassen und freies Gespräch: Was ist zwischen den beiden Personen passiert?	Plenum, freies Gespräch.	Über die Geschichte sprechen, Gefühle äußern, Konflikte darstellen...
	Kaffeepause		
LB 4.2., S. 111	Lesetext: Telefonat mit einer Vermieterin gemeinsam lesen und wiederholend darüber sprechen. Was sagt man bei einem Telefonat mit Vermietern?	Plenum	Wiederholung: Wie telefoniert man mit einem Vermieter?
LB 4.2. S. 112	Was sagen Sie am Telefon? Situationen auslosen und Dialogspiele einüben lassen	Je nach Lerngruppe in Partner oder Gruppenarbeit.	Szenisch ein Telefonat durchspielen.
	Kaffeepause		
LB S.113-115 WS S. 47-49	Lesetext: „Familie Jonosa besichtigt eine Wohnung" zu zweit vorbereiten. Lesen üben, unbekannte Wörter nachschlagen. Erstes gemeinsames Textverständnis finden	Partnerarbeit oder kleine Gruppe	Text erschließen, neue Wörter erkunden und lernen, Lesen üben.
LB S. 113-115 WS S. 47-49	Text gemeinsam lesen, Aufgaben zum Textverstehen gemeinsam lösen und freies Gespräch (S.101).	Plenum	Textverständnis sichern, über eigene Wohnsituation reden.

Thema des Tages: Die Wohngegend

Kompetenzen:
thematisch: Wohnungen in Deutschland.
grammatisch: Den Dativ verstehen und richtig benutzen.

Material	Thema und Unterrichtshandlung	Sozialform	Phasen / Ziele / Kompetenzen
LB 4.1. S. 102 oder eigenes regionales Bildmaterial.	Fotos: Wo wohnen die Deutschen? Oder weitere lokale Fotos von Wohngegenden der eigenen Region oder ein Stadtplan der eigenen Stadt betrachten und darüber sprechen. Wo kann man einkaufen, wo können die Kinder spielen, welche Schulen sind in der Nähe, welche Ärzte, die Stadtbücherei, die Gemeinde usw.?	Plenum, freies Gespräch	Die soziale Umgebung der eigenen Region kennen lernen und über die Möglichkeiten darin sprechen. Diskussion: Gibt es „gute" und „schlechte" Wohngegenden? Wo gibt es welche Konflikte?
LB S. 113-115	Den von gestern vorbereiteten Lesetext gemeinsam lesen und darüber sprechen.	Plenum	Textverstehen sichern.
	Kaffeepause		
GR S. 35/36	Den Dativ erklären und im Grammatikbuch nachlesen, im Kontext der Deklination lernen.	Lehrervortrag, Plenum	Den Dativ im Kontext der gesamten Deklination des Nomens verstehen.
ÜB 4.2., S. 144, Übg. 1	Die Bildung der Dativ-Form üben.	Einzel- oder Partnerarbeit	Die Form des Dativs an bekannten Nomen üben.
	Kaffeepause		
LB 3.3. S. 86-88	Wiederholung: Familie Hoffmann ohne Mutter. Was machen die Kinder, was der Vater, was die Nachbarin? Im freien Gespräch mit Hilfe der Fotos der Seite den Text wiederholen.	Partner oder kleine Gruppe, dann Plenum.	Wiederholung des Themas: Familienalltag, Wdh. Wortschatz und Verbkonjugation.
ÜB 4.2 S. 145- 147. Übg. 16	Den Dativ richtig im Satz verstehen und richtig benutzen. - Thema: Familienalltag	Einzel- / Partnerarbeit	Den Dativ im Kontext „Familienalltag" richtig benutzen.

Thema des Tages: Eine Wohnung besichtigen

Kompetenzen:
thematisch: Räume und Einrichtung einer Wohnung in Deutschland.
grammatisch: Dativ verstehen und richtig benutzen / Verb: „mögen"

Material	Thema und Unterrichtshandlung	Sozialform	Phasen / Ziele / Kompetenzen
LB 4.2. S. 116-119, (Fotos) (WS 4.2., S.7-9)	Fotos der Wohnung ansehen. Wie wohnen die Deutschen? Welche Räume hat eine Wohnung? Wie ist sie eingerichtet? (Wortschatz an der Tafel sammeln.)	Plenum, freies Gespräch	Über kulturelle Unterschiede sprechen und vergleichen. Wie wohnt man in Deutschland? Wie wohnt man in Ihrem Herkunftsland?
LB 4.2., S.116-119,(Text) WS 4.2., S. 47-49.	Lesetext: Die Wohnungsbesichtigung (S.102-104) zu zweit vorbereiten. Lesen üben, unbekannte Wörter nachschlagen. Erstes gemeinsames Textverständnis finden.	Lernpartner.	Text erschließen, neue Wörter lernen, vorlesen üben.
	Kaffeepause		
LB 4.2., S 116-118 und S. 104.	Gemeinsam Text lesen, Aufgaben zum Textverstehen gemeinsam erarbeiten, freies Gespräch: Wie sieht Ihre Traumwohnung aus?	Plenum	Textverstehen sichern. Über Wohnnungseinrichtung sprechen (Wortschatz), Wünsche und Träume äußern.
ÜB 4.2. Übg. 17, S. 148/149	Wiederholung Dativ mit richtigen Satzbau und thematisch neuem Kontext verstehen und anwenden.	Einzel- oder Partnerarbeit	Dativ sichern und im neuen Kontext anwenden: Alltag im Büro.
	Kaffeepause		
GR 4.2., S.37.	Wiederholung des Wortschatzes: Essen und trinken (Kapitel 2) im Gespräch: Was mögen Sie gerne essen? Was mögen Sie nicht? Unterschied zwischen „lieben" und „mögen" erklären.	Plenum	Thema: Essen und Trinken wiederholt und über Vorlieben sprechen (mögen oder lieben)
ÜB 4.2. Übg. 18 S.150/151	Übungen zum Verb: „Eine Einladung zum Essen". Schriftlich (einsetzen) und mündlich Sprechübung mit Sprechmuster.	Einzel- und nachfolgend Partnerarbeit	Die Verben „mögen" und „lieben" konjugiert und im richtigen Kontext anwenden. (Übung/Sicherung).

Thema des Tages: Einen Mietvertrag abschließen.

Kompetenzen:
thematisch: Bedeutung von Verträgen verstehen und richtig ausfüllen können.
grammatisch: Die Verben „werden" und „lassen".

Material	Thema und Unterrichtshandlung	Sozialform	Phasen / Ziele / Kompetenzen
LB 4.2., S.120	Kurzer Eingangsimpuls: Was ist ein Vertrag? Vorwissen sammeln und erste Informationen zur Bedeutung eines Vertrags am Beispiel Mietvertrag.	Plenum Freies Gespräch	Vorwissen einbringen und Informationen zur Bedeutung eines schriftlichen Vertrags geben am Bsp. Mietvertrag.
LB 4.2. S.119, , WS 4.2. S.47-49	Kurze Phase: Lesetext zu zweit vorbereiten. Lesen üben, unbekannte Wörter nachschlagen. Erstes gemeinsames Textverständnis finden.	Lernpartner	Textverstehen, Bedingungen einer Vermietung, Bedeutung des Mietvertrags für beide Seiten verstehen.
LB 4.2. S. 119	Gemeinsam lesen, Aufgaben zum Textverstehen gemeinsam erarbeiten.	Plenum	Wozu einen Mietvertrag abschließen?
	Kaffeepause		
GR 4.2. , S. 37	Die Verben „werden" und „lassen" in ihren Bedeutungen verstehen und ihre besondere Konjugation lernen.	Plenum	Besondere Verben verstehen und benutzen können: „werden" und „lassen".
ÜB 4.2. S. 152-155 Übg. 19, 20.	„werden" und „lassen" richtig anwenden, Wdh. des bisher gelernten Wortschatzes in neuen Kontexten.	Einzel- und Partnerarbeit (Sprechübung in Übg. 5).	Die besonderen Verben in neuem Kontext benutzen, Wdh. des Wortschatzes in neuem Kontext.
	Kaffeepause		
(LB 4.2. S. 120) und ein Mietvertrag aus dem Netz.	Am Beispiel der Familie aus dem Buch einen Mietvertrag ausfüllen lassen.	Partnerarbeit oder kleine Gruppe	Einen Mietvertrag verstehen und richtig ausfüllen. Erarbeitung.
Mietvertrag	Die Lernenden präsentieren ihre Lösungen, dann eine Musterlösung über den Beamer / Projektor / Bildschirm zeigen und gemeinsam besprechen.	Plenum	Einen Mietvertrag verstehen und richtig ausfüllen. Sicherung.

Thema des Tages: Der Umzug

Kompetenzen:

thematisch: Einen Vorgang beschreiben (Alltagsgegenstände in Kartons packen...)

grammatisch: das Possessivpronomen (Gebrauch und Bedeutung verstehen, zunächst nur im Nominativ)

Material	Thema und Unterrichtshandlung	Sozialform	Phasen / Ziele / Kompetenzen
LB 4.3. S. 121	Auf Grundlage der Zeichnungen den Ablauf eines Umzugs beschreiben.	Plenum	Einen Vorgang / Ablauf beschreiben.
LB 4.3. S.122-123, WS S.50-53	Lesetext: Den Lesetext zu zweit vorbereiten. Lesen üben, unbekannte Wörter nachschlagen. Erstes gemeinsames Textverständnis finden und neue Wörter zu zweit lernen, sich gegenseitig abfragen.	Partnerarbeit	Textverstehen, Alltagsgegegenstände (Küche, Wäsche, Einrichtungsgegenstände) benennen können.
	Kaffeepause		
LB 4.3. S.122/123	Über die Fotos auf den Seiten sprechen. Gemeinsam die Seiten 122 und 123 lesen und darüber sprechen. Wortschatz sichern. Aufgaben zum Textverstehen (S.108).	Plenum	Textverstehen und Wortschatz sichern.
LB 4.3. S.124	Foto S. 124 unten als Gesprächsimpuls: Wo bekommt man in der Region günstig oder geschenkt Möbel und Einrichtungsgegenstände?	Plenum: Freies Gespräch	Information: In der Region Hilfe suchen und bekommen.
LB 4.3. S.124	Den Lesetext S. 123/ 124zunächst zu zweit vorbereiten, Lesen üben, Wörter nachschlagen und lernen, anschließend gemeinsam lesen und Verstehen sichern.	Partnerarbeit, dann Plenum.	Textverstehen: Vorgang auspacken und Besitz anzeigen - (Wem gehört?).
	Kaffeepause		
GR 4.3 S. 38	Bedeutung und Gebrauch des Possessivpronomens.	Lehrervortrag, Plenum	Den Besitz von etwas ausdrücken können.
ÜB 4.3., S.156/157 Übg. 21/22	Sprechübungen zum Gebrauch des Possessivpronomens im Kontext des Lesetexts (LB S.111), Textverstehen anwenden. Possessivpronomen hier nur im Nominativ: „das ist mein/sein/dein... Gegenstand"	Kleine Gruppe	Im Lesekontext den Besitz mit einem Possessivpronomen ausdrücken können.

Thema des Tages: Beim Einwohnermeldeamt

Kompetenzen:
thematisch: Anmelden des Wohnsitzes.
grammatisch: Possessivpronomen (auch im Akkusativ und Dativ)

Material	Thema und Unterrichtshandlung	Sozial-form	Phasen / Ziele / Kompetenzen
Einen Behälter für Gegenstände (Korb oder Schachtel oder Plastikbox)	**Spiel:** Lassen Sie von jedem Teilnehmer einen Gegenstand einsammeln. Die Teilnehmer werfen sich einen Ball zu. Frage: „Wem gehört...?" - Antwort: „... gehört Herrn/Frau ... Das ist sein/seine/ihr/ihre/mein ..."	Plenum	Wiederholung der Possessivpronomen im Nominativ und der gestern eingeübten Sprechmuster.
GR 4.3., S. 39	Die Deklination des Possessivpronomens erklären und gemeinsam in der Grammatik nachlesen.	Lehrervortrag	Possessivpronomen in allen Kasus verstehen.
ÜB 4.3., Übg. 23,24, S. 158/159.	Übg.23: Thematisch passend: Familie Jonosa richtet ihre Wohnung ein (Wortschatz), Poss. mit Akk. Übg. 24 „Gutes tun" Wdh. von Thematik und Wortschatz aus Kap. 3 und 4. , Poss. mit Dativ.	Einzel- oder Partnerarbeit	Possessivpronomen im Akkusativ und Dativ selbständig anwenden.
	Kaffeepause		
LB 4.3. S. 126-128 (oben), bei Bedarf Internet und Beamer (die Seite der eigenen regionalen Behörde zeigen und erklären)	Dialog beim Einwohnermeldeamt in verteilten Rollen lesen. Gesprächsanlass: Wo man sich in der eigenen Region um- oder abmelden kann. Wann muss man sich um- und abmelden (Fristen)? Was ist ein Erst- und was ein Zweitwohnsitz? Hier sollte man den jeweils lokalen Service der Gemeinde vorstellen und erklären.	Freies Gespräch im Plenum, Lehrervortrag.	Umgang mit Behörden (I). Anmeldepflicht des Wohnsitzes, Fristen, Terminvergaben und /oder automatische Nummernvergabe, Online-Service der eigenen Gemeinde usw.
	Kaffeepause		
ÜB 4.3. S.161-165 Übg. 25-28	Übg. 26 und 28: Possessivpronomen im Genitiv / Sprechmuster wie Dialog im LB (Daten erfragen).	Einzel- oder Partnerarbeit	Possessivpronomen im Kontext des Lehrbuch-Inhalts (4.3.) und darüber hinaus schriftlich üben.

Thema des Tages: Auf der Gemeinde

Kompetenzen:
thematisch: Die Dienstleistungen der lokalen Gemeindeverwaltungen
grammatisch: Ordinalzahlen

Material	Thema und Unterrichtshandlung	Sozialform	Phasen / Ziele / Kompetenzen
Hören 10	Beim Einwohnermeldeamt	Plenum	Hörverstehen: sich beim Einwohnermeldeamt ummelden
LB 4.3. S. 128, Internet, Beamer	Die Dienstleistungen der eigenen Gemeinde verstehen als Gesprächsanlass. Gegenseitiger Austausch: Erfahrungen mit Behörden.	Plenum, freies Gespräch	Umgang mit Behörden: Der Service der eigenen Gemeinde (II)
LB 4.3. S. 128	Lesetext: „Wohngeld beantragen" gemeinsam lesen und Wortschatz klären. Informationen: Wie beantragt man lokal Wohngeld? Wer ist wohngeldberechtigt?	Plenum, Lehrervortrag	Wohngeld beantragen. Wie geht das? Wer darf das?
	Kaffeepause		
GR 4.3. S. 40	Ordinalzahlen, Jahreszahlen, Datum lesen und Besonderheiten verstehen.	Plenum	Datum und Jahreszahlen verstehen und selbst richtig angeben.
ÜB 4.3. Übg. 167	Sprechübung zu Datum und Jahreszahlen.	Kleine Gruppe spielerisch (Ball)	Datum und Jahreszahlen richtig angeben üben.
	Kaffeepause		
GR 4.3 S. 38/39	Formen der Possessivpronomen noch einmal gemeinsam lesen und üben.	Plenum	Wiederholung der Possessivpronomen.
ÜB 4.3., S. 166, Übg. 29	Zeit für eine längere schriftliche Übung. Einen Brief in die Sie-Form übertragen.	Einzelarbeit	Schriftliche Vertiefung, insbesondere Übung in der Sie-Form.

Hören 19 - Beim Einwohnermeldeamt

HA19

Herr Krause: Guten Tag. Ich möchte meinen neuen Wohnsitz anmelden.
Sachbearbeiterin: Guten Tag. Setzen Sie sich bitte. Haben Sie Ihren Personalausweis hier?
Herr Krause: Ja, bitte schön.
Sachbearbeiterin: Ihr Name ist Hans Krause?
Herr Krause: Ja, Hans Krause.
Sachbearbeiterin: Wann sind Sie geboren?
Herr Krause: Am 06. Mai 1989.
Sachbearbeiterin: Wo sind Sie geboren?
Herr Krause: In Magdeburg.
Sachbearbeiterin: Haben Sie die deutsche Staatsangehörigkeit?
Herr Krause: Ja.
Sachbearbeiterin: Seit wann wohnen Sie in der neuen Wohnung?
Herr Krause: Seit dem ersten Neunten.
Sachbearbeiterin: Wie lautet Ihre neue Adresse?
Herr Krause: Im Wiesengrund 24 in Osterkappeln.
Sachbearbeiterin: Und das ist Ihre Erstwohnung?
Herr Krause: Ja, ich habe keine Zweitwohnung.
Sachbearbeiterin: Welche Familienangehörigen wohnen noch bei Ihnen?
Herr Krause: Niemand. Ich bin geschieden.
Sachbearbeiterin: Dankeschön. Das ist alles. Brauchen Sie noch eine Meldebescheinigung?
Herr Krause: Ja, gerne.
Sachbearbeiterin: So, bitte schön.
Herr Krause: Vielen Dank! Auf Wiedersehen.
Sachbearbeiterin: Auf Wiedersehen.

Hörtext - Beim Einwohnermeldeamt
Arbeitsblatt

Beim Einwohnermeldeamt

Füllen Sie dieses Formular für Herrn Krause aus:

Meldebescheinigung der Gemeinde Osterkappeln

____________________ ____________________
Name Vorname

____
Geburtsdatum

____
Geburtsort

____
Staatsangehörigkeit

Adresse:

____

____

Zweitwohnung? ja ❑ nein ❑

Im Haushalt lebende Familienangehörige? ja ❑ nein ❑

Thema des Tages: Die neue Wohnung feiern

Kompetenzen:
thematisch: Feiern und Geschenke machen
grammatisch: Personalpronomen

LB 4.4 S. 129/130	Impuls: Die Fotos der Seiten (Luftballons, die Geschenke für die Kinder, das afrikanische Buffet). Wie feiert man in Ihrem Land? Was feiert man? Was isst und trinkt man?	Plenum	Interkultureller Austausch: Wie feiern Sie in Ihrem Herkunftsland?
LB 4.4 S.129/130 WB 4.4 S. 54/55	Lesetext: Den Lesetext zu zweit vorbereiten. Lesen üben, unbekannte Wörter nachschlagen. Erstes gemeinsames Textverständnis finden und neue Wörter zu zweit lernen, sich gegenseitig abfragen.	Partnerarbeit	Texterarbeitung, Wortschatz lernen.
LB 4.4 S. 129/130	Gemeinsam lesen, darüber sprechen.	Plenum	Textverstehen sichern.

Kaffeepause

GR 4.4 S. 41	Personalpronomen als Ersatz für ein Nomen, zunächst im Nominativ.	Lehrervortrag	Personalpronomen verstehen.
ÜB 4.4, S. 168 Übg. 31	Die Formen im Nominativ üben, wobei der Wortschatz der bisher bekannten Adjektive wiederholt wird.	Einzelarbeit	Personalpronomen reflektiert benutzen.
GR 4.4 S. 42	Deklination der Personalpronomen verstehen und lernen.	Plenum	Die Kasus der Personalpronomen verstehen und lernen.
ÜB 4.4 S.168-170, Übg. 31/32	Die Formen im Akkusativ üben. Hier wird die Übung aus 4.3. „Wohnung einrichten" thematisch wiederholt und grammatisch erweitert.	Einzelarbeit	Personalpronomen im Akkusativ reflektiert benutzen.

Kaffeepause

ÜB 4.4. S. 170/171 Übg. 33	Geschenke: Nach Sprechmuster den Dativ mit Hilfe des Verbs „schenken" spielerisch üben (Ball).	Kleine Gruppen oder gesamte Lerngruppe.	Personalpronomen im Dativ beim Sprechen richtig benutzen .
ÜB 4.4 S. 172-178 Übg. 34-37	Übungen aus 4.3. werden thematisch wiederholt und dabei die Nomen durch Pronomen ersetzt.	Einzel- oder Partnerarbeit.	Personalpronomen schriftlich anwenden.

Am nächsten Tag kann wiederholt und der Test geschrieben werden.

Test

Aufgabe 1 LESEN

Lesen Sie diese Seite, auch wenn sie nicht jedes Wort verstehen.
Versuchen Sie es!

Aus einer Internetseite einer Gemeinde: Das Paket „Bildung und Teilhabe"

Die „Leistungen für Bildung und Teilhabe" bekommen Kinder, Jugendliche und junge Erwachsene aus Familien mit wenig Geld.

Schülerinnen und Schüler sowie jüngere Kinder haben Anspruch auf folgende Förderungen:

- Schulfahrten und Ausflüge der Schule, des Kindergartens oder der Kindertagesstätten.
- Förderunterricht (Nachhilfe), wenn ein Kind Probleme in der Schule hat.
- Schulmaterialien pro Jahr 150 Euro
- Mittagessen in Schulen, Kitas, Tagespflege
- soziale und kulturelle Teilhabe: für die Teilnahme an Sport und Musikvereinen.

Förderung aus dem „Bildung und Teilhabe-Paket" bekommen Kinder und Jugendliche aus Familien, die folgende Leistungen bereits bekommen:

- Grundsicherung für Arbeitsuchende, Arbeitslosengeld II , Sozialhilfe
- Wohngeld und Kindergeld oder Kinderzuschlag
- Leistungen nach dem Asylbewerberleistungsgesetz

Wer keine der genannten Leistungen erhält, kann aber seinen Anspruch prüfen lassen.

Alle „Leistungen für Bildung und Teilhabe" kann man ohne Formblatt beantragen (formlos).

Was ist richtig und was ist falsch?

Kreuzen Sie an.

1. Das „Paket für Bildung und Teilhabe"

		richtig	falsch
a	Ist ein großes Paket. In dem Paket sind Stifte, Hefte und Bücher für die Schule und das Mittagessen.		
b	Ist Geld für Kinder und Jugendliche für Schulmaterial, für das Mittagessen und andere Dinge.		
c	150 Euro oder die kostenlose Teilnahme an Musik- und Sportunterricht		

2. Kinder und Jugendliche bekommen das Paket, wenn

		richtig	falsch
a	die Eltern keine Grundsicherung, kein Wohngeld und auch keine Asylbewerberleistung bekommen.		
b	sie keine Eltern haben.		
c	die Eltern arm sind.		

3. Wer das Paket haben will, der muss

		richtig	falsch
a	kein Formblatt ausfüllen, sondern einfach zum Amt gehen und fragen.		
b	ein Formblatt ausfüllen.		
c	zu einem Juristen (Rechtsanwalt) gehen.		

Aufgabe 2 Schreiben

Große 5-Zimmerwohnung, 120m² in der Altstadt mit Terrasse und Gartennutzung sowie Garage zu sofort. 650 Euro Kaltmiete + 300 Euro
Nebenkosten. Zuschriften unter A1395H.

Sie interessieren sich für diese Anzeige in der Zeitung und schreiben einen Brief an den Vermieter.

Schreiben Sie

1. über sich und Ihre Familie: Wer sind sie? Woher kommen Sie? Welchen Beruf haben Sie? Wo arbeiten Sie?

2. ,warum Ihnen diese Wohnung so gefällt.

3. ,wann Sie einziehen können.

4. Fragen Sie nach einen Besichtigungstermin.

Aufgabe 3 Grammatik

1. Ich __________ morgen zum Einwohnermeldeamt gehen.
   a. musse ❑
   b. muss ❑
   c. müsse ❑

2. Sie ist erst fünf Jahre. Sie __________ noch nicht in die Schule gehen.
   a. darf ❑
   b. will ❑
   c. darft ❑

3. Ich habe eine neue Wohnung. __________ Wohnung liegt in der Seestraße 12.
   a. ihr ❑
   b. deines ❑
   c. meine ❑

4. Ich schenke __________ Sohn einen Computer.
   a. meinem ❑
   b. meiner ❑
   c. mein ❑

5. Er schenkt __________ einen Computer.
   a. ihn ❑
   b. er ❑
   c. ihm ❑

6. „Bitte vergiss den Schlüssel nicht."
   Nein, ich vergesse __________ bestimmt nicht.
   a. es ❑
   b. ihn ❑
   c. sie ❑

7. Bitte gib deinem Musiklehrer das Geld.
   Ja, ich gebe __________ __________ .
   a. ihm es ❑
   b. es ihn ❑
   c. es ihm ❑

8. Bitte __________ dein Auto heute in der Garage.
   Wir brauchen es nicht.
   a. lasst ❑
   b. lass ❑
   c. lassen ❑

9. Ich __________ keine Spaziergänge. Ich fahre lieber Auto.
   a. möchtet ❑
   b. magt ❑
   c. mag ❑

10. Wie alt __________ deine Tochter morgen?
    a. werdet ❑
    b. wird ❑
    c. wirdet ❑

Lösungen des Tests

1. Lesen
1b, 2c, 3a

3. Grammatik
1b, 2a, 3c, 4a, 5c, 6b, 7c, 8b, 9c, 10b.

Kapitel 5 - Das letzte Kapitel

Mit diesem Kapitel endet der erste Band. Es widmet sich im Lehrbuch ausführlich der Arbeitssuche und der schriftlichen Bewerbung. Außerdem wird zum ersten Mal das Leseverstehen nach dem Testformat des Abschlusstests für Zuwanderer A2/B1 vorgestellt. Wir begleiten Herrn Moreno und die anderen Mitglieder des Sprachkurses ins Berufsinformationszentrum und zum Arbeitsvermittler beim Jobcenter. Außerdem zeigt uns Frau Hoffmann mit ihrer schriftlichen Bewerbung, wie man einen Lebenslauf samt Motivationsschreiben verfasst und wie man ein Portfolio zusammenstellt.

Im Übungsbuch trainieren die Kursteilnehmerinnen und Kursteilnehmer mündlich und schriftlich alle Präpositionen ausführlich. Zwischendurch gibt es aber auch Wortbildungsübungen zur Erweiterung und Festigung des Wortschatzes, insbesondere im Umgang mit komplexeren Nomen. Fortgeschrittene Lerner haben die Gelegenheit, einen literarischen Text zu erarbeiten, der nicht nur voller Präpositionen ist, sondern auch kritisch den Alltag in deutschen Großstädten hinterfragt.

Die Möglichkeit, das eigene Lebensschicksal zu vermitteln und sich darüber auszutauschen bietet der letzte Abschnitt des Kapitels mit einer Bild-Collage, welche die Ankunft osteuropäischer Migranten am Hannover Flughafen darstellt. Über die eigene Migration zu sprechen soll den Teilnehmerinnen und Teilnehmern leichter gemacht werden.

Ganz zum Schluss findet man noch einen längeren Text, der nicht nur den richtigen Gebrauch der Präpositionen übt, sondern auch über das deutsche Schulsystem informiert. Aufgabe ist es, die Aussagen des Textes grafisch darzustellen.

Im Lehrerheft gibt es am Ende zum ersten Mal einen kompletten Test nach dem Format des „Deutsch-Tests-für-Zuwanderer". Obwohl die Aufgaben die Vielfalt der Testaufgaben wiederspiegeln, sind sie inhaltlich und grammatisch noch auf den Stoff des 1. Bandes weitgehend eingegrenzt. Erst nach dem 2. Band gibt es einen Muster-Test, der vollständig auf B1-Niveau liegt.

Es folgt ein zweiter und dritter Band. Der zweite Band widmet sich grammatisch ausführlich dem Sprechen und Schreiben in der Vergangenheit, insbesondere im Perfekt. Außerdem werden auch alle anderen noch übrigen grammatischen Themen, die für das B1-Niveau relevant sind, behandelt, so dass spätestens am Ende des zweiten Bandes der Abschlusstest für Zuwanderer auf B1-Niveau erreicht werden kann. Das Format wird immer wieder trainiert.

Thematisch weitet sich im zweiten Band dann der Horizont in die bundesrepublikanische Wirklichkeit: Unser Sozialsystem, die Medizin, aber auch Ehe, Familie und Konsumverhalten sind Inhalte des Lehrbuchs und am Ende geht es wieder um die Arbeitswelt. Das letzte Kapitel informiert ganz ausführlich über das Bildungswesen, über Ausbildungsberufe. Vorstellungsgespräche werden geübt und ganz am Schluss auch die Möglichkeiten einer Existenzgründung ausgelotet.

Noch einen Schritt weiter geht der dritte Band. Das Lehrbuch mit seinen interessanten Texten und Diskussionsthemen eignet sich für Orientierungskurse. Sowohl thematisch, als auch grammatisch kann mit dem Übungs- und dem Grammatikbuch das DSDII und andere Prüfungen auf C1 oder C2-Niveau erreicht werden.

Thema des Tages: Wegbeschreibung

Kompetenzen:
thematisch: Nach dem Weg fragen können.
grammatisch: Wechselpräpositionen.

Material	Thema und Unterrichtshandlung	Sozialform	Phasen / Ziele / Kompetenzen
LB 5.1. S.132, Fotos	Impuls-Fotos: Wohin geht Herr Moreno? Tafelsammlung: schließt Auto ab, geht in Richtung Kirche, die Straße entlang, in die Katharinenstraße, über einen Platz, an der IHK vorbei...	Freies Gespräch	Erste Formulierungen zur Beschreibung von Wegen mündlich kennen lernen, üben.
LB 5.1. S.132, WS S. 56-60	Lesetext vorbereiten, Wortschatz in kleinen Gruppen erarbeiten und lesen üben.	Partnerarbeit oder kleine Gruppe.	Text erschließen, neue Wörter kennen lernen.
LB 5.1. S. 132/133 ÜB S. 243 Lösung S.247.	Aufgabe zum Leseverstehen mit Anwortblatt aus S.243 im Übungsbuch. Rechercheauftrag für Fortgeschrittene (Osnabrück). Gemeinsam Text lesen und Antwortblatt besprechen.	Einzelarbeit, am Ende Plenum.	Umgang mit Testaufgaben üben. Lesetraining.
	Kaffeepause		
GR 5.1. S.43-44, insbesondere die Grafik. ÜB 5.1. S.196-199 Übg. 2,3. Fotos.	Lehrervortrag/ Präsentation: Was sind Präpositionen? Was sind Wechselpräpositionen. Übung im Übungsbuch mit Hilfe der Fotos erklären, von Fortgeschrittenen ein Beispiel vormachen lassen.	Plenum	Wechselpräpositionen kennen lernen und verstehen.
GR 5.1., ÜB 5.1., S. 196-199, Übg.2,3	Sprechübung: Wechselpräpositionen	Partnerarbeit	Wechselpräpositionen anwenden und trainieren.
GR 5.1., ÜB 5.1. 2,3 S. 196 -199	Im Plenum die Übung noch einmal richtig sprechen.	Partner- oder Einzelarbeit.	Sicherung
	Kaffeepause		
Phonetik LE S. 93	Ausspracheübung (s.u.)	Plenum	Vokalisch gesprochenes „r" im Deutschen.
ÜB 5.1. Übg. 4, S. 200	Schriftliche Beschreibung eines Jugendzimmers je nach Kenntnisstand schreiben die Tn. mehr oder weniger. (Evtl. einsammeln und Rückmeldung geben.)	Einzelarbeit	Sich schriftlich äußern, etwas beschreiben.

Sprechübungen und Diktat zum vokalisch gesprochenen „r“

Ph 31

1. Diktieren Sie die Sätze. Sie können sie versteckt an die Tafel schreiben oder später projizieren.

2. Üben Sie die Aussprache gemeinsam.

1. Der Vermieter ärgert den Mieter.
2. Leider dauert der Vorgang länger.
3. Welcher Ort feiert hier?
4. Ihr verteilt Früchte aus dem Korb.
5. Wir wandern und klettern an warmen Tagen.
6. Jeder bringt Bargeld mit.
7. Das Formular wird fertig.
8. Die Firma wirbt nur.
9. Wer weiß, welcher Strauch Dornen hat?
10. In Ordnung. Er wandert morgen durchs Dorf.

Thema des Tages: Einen Stadtplan lesen

Kompetenzen:
thematisch: Gebäude einer Stadt in einem Plan suchen und finden.
grammatisch: Wechselpräpositionen.

Material	Thema und Unterrichtshandlung	Sozialform	Phasen / Ziele / Kompetenzen
LB 5.1., S.134, Fotos	Fotos beschreiben. Freies Gespräch: Was kann man auf der Universität lernen? Welche Ausbildungswege kennen Sie?	Plenum	Freies Gespräch über Universität und andere Ausbildungswege.
LB 5.1., S.134-136. WS S.56-60.	Lesetext vorbereiten, Wortschatz in kleinen Gruppen erarbeiten und lesen üben.	Partnerarbeit oder kleine Gruppe.	Text erschließen, neue Wörter lernen, vorlesen üben.
LB 5.1., S.134-137 ÜB S. 244 Lösung S. 248	Aufgabe zum Leseverstehen mit Anwortblatt im Übungsbuch. Gemeinsam Text lesen und Antwortblatt besprechen. Auf einem Stadtplan die Straßen finden. (Es handelt sich um die Stadt Osnabrück.)	Plenum	Umgang mit Testaufgaben üben. Lesetraining, Stadtplan gemeinsam lesen.
	Kaffeepause		
ÜB 5.1., Übg. 1, S. 195.	Im Stadtplan der eigenen Stadt Gebäude suchen und Wege beschreiben, zunächst in der kleinen Gruppe üben, dann im Plenum spielerisch im Wechsel, z.B. im Tischgruppenwettbewerb: Jemand beschreibt einen Weg, die anderen Gruppen müssen herausfinden, welches Gebäude angesteuert wird. Die Gruppe, die es erraten hat, darf weitermachen und bekommt einen Punkt.	Partnerarbeit oder kl. Gruppe anschl. Plenum	Einen Weg mit Hilfe eines Stadtplans beschreiben können.
	Kaffeepause		
LB 5.1., S.134-137	Gemeinsam lesen und über die langen, neuen Wörter sprechen: Mutterschutz, Elternzeit, Fortbildung, Umschulung, Weiterbildung....	Plenum	Wortschatz „Arbeitswelt". Neue Wörter im Kontext kennen lernen.
LB 5.1., S.134-137 ÜB 5.1., S.243 Lösung S.247	Aufgabe zum Leseverstehen mit Antwortblatt im Übungsbuch.	Einzelarbeit	Umgang mit Testaufgaben üben.
Phonetik LE S.95	Ausspracheübung (s.u.)	Plenum	Knacklaut richtig aussprechen, nicht verbinden.

Sprechübungen und Wortdiktat zum Knacklaut (zwei Vokale nebeneinander).

Ph 31

1. Diktieren Sie die Wörter. Sie können sie versteckt an die Tafel schreiben oder später projizieren.

2. Üben Sie die Aussprache gemeinsam.

1	zuerst - eröffnen - computerunterstützt
2	vereinbaren - veröffentlichen - veraltet
3	geradeaus - zueinanderfinden
4	geeignet

Thema des Tages: Wegbeschreibungen verstehen

Kompetenzen:
thematisch: Eine Wegbeschreibung verstehen und im Plan rekonstruieren.
grammatisch: Wechselpräpositionen

Material	Thema und Unterrichtshandlung	Sozialform	Phasen / Ziele / Kompetenzen
LB 5.1., S.138 Foto	Was fragt Herr Moreno die Frau? Geste der Frau im Foto: „Das weiß ich nicht." / „Tut mir leid, ich habe keine Ahnung"... und ähnliche Redewendungen sammeln.	Plenum	Die Geste aus einem Foto in Worten ausdrücken.
LB 5.1. 138-140 WS S. 56-60	Lesetext vorbereiten, Wortschatz in kleinen Gruppen erarbeiten und lesen üben. Weg durch die Stadt Osnabrück rekonstruieren.	Partnerarbeit oder kleine Gruppe.	Lesetraining, neuen Wortschatz lernen.
LB 5.1. 138-141	Den Weg durch die Stadt Osnabrück gemeinsam rekonstruieren. Stadtplan aus dem Internet an die Wand beamen.	Plenum	Einen Weg in einem Plan rekonstruieren.
 Kaffeepause			
ÜB 5.1. S. 202/203, Übg. 5	Sprechübung: Wechselpräpositionen mit bestimmten Verben üben.	Partnerarbeit	Unterschiedliche Verben, die Akkusativ oder Dativ nach sich ziehen bei Wechselpräpositionen richtig mündlich anwenden.
ÜB 5.1. S. 204/205 Übg. 6	Freie Wortschatzübung Foto beschreiben und gegenseitig fragen (z.B. mit Ball): Was stecken Sie in Ihre Tasche, bevor Sie zum Kurs gehen? Anschließend Sprechübung nach Buch.	Plenum	Wechselpräpositionen s.o. und Wortschatz-Wiederholung: „Alltagsgegenstände".

 Kaffeepause			
ÜB 5.1. S.206-209 Übg. 7-8	Schriftliche Übung. Wechselpräpositionen.	Einzelarbeit	Wechselpräpositionen richtig anwenden (s.o.).
ÜB 5.1. S.206-209, Übg. 7-8,	Besprechen der Lösungen (oder Selbstkontrolle durch die Lösungen am Ende des Kapitels), dann freies Gespräch: Beschreibung des Wohnzimmers (Übg.7) oder zum Thema Emanzipation (Übg.8), Rollenverteilung/Rollenklischees zu Mann und Frau, kulturelle Unterschiede.	Plenum	Sicherung Präp., Zimmer beschreiben. Freies Gespräch: Gender-Diskussion in Deutschland.

Thema des Tages: Wozu gibt es das Jobcenter?

Kompetenzen:
thematisch: Aufgaben des Jobcenters kennen lernen.
grammatisch: Präpositionen mit Akkusativ.

Material	Thema und Unterrichtshandlung	Sozialform	Phasen / Ziele / Kompetenzen
Hören 20-21, S.98/99	Hörverstehen, anschließend den Weg auf dem Stadtplan (Osnabrück) wiederfinden.	Plenum	Wiederholung: Wegbeschreibungen verstehen.
LB 5.1., S. 141 Aufg. 9	Szenisch den Dialog zwischen Herrn Moreno und einem Arbeitsvermittler spielen.	Partnerarbeit	Dialog üben: Was sage ich auf dem Amt?
	Kaffeepause		
GR 5.1., S. 45	Lehrerpräsentation: Präpositionen mit Akkusativ.	Plenum	Präpositionen mit Akkusativ kennen lernen.
ÜB 5.1., Übg.7/8 S. 206-209 WS S. 69-71	Präpositionen verstehen (WS), im Wortschatz erarbeiten und lernen, Präp. m. Akkusativ in Übungen anwenden.	Partner- oder Kleingruppenarbeit.	Präpositionen mit Akkusativ richtig anwenden.
	Kaffeepause		
LB 5.1., S. 141, Aufg.10	Recherche im Internet: Welche Aufgaben hat das Jobcenter. Vorbereiten eines kleinen Vortrags.	Partner- oder Kleingruppenarbeit	Sich informieren im Internet. Aufgaben des Jobcenters kennen lernen.
S. 141 / Aufg. 10	Präsentationen: Aufgaben des Jobcenters.	Plenum	Vor einer Gruppe reden.

Hören 20/21 Frau Krause sucht das Jobcenter

Gespräch A

HA20

Frau Krause: Entschuldigen Sie bitte. Wie komme ich hier vom Bahnhof zum Jobcenter?
Passant A: Hmmm. Das ist kompliziert. Gehen Sie hier in Richtung Innenstadt über den Theodor-
Heuss-Platz, überqueren Sie den Goethering und gehen Sie geradeaus in die Heinrich
Heine Straße. Gehen Sie geradeaus bis sie an eine Kreuzung kommen. Gehen Sie dann
durch die Johannisfreiheit bis zum Ende der Straße, dann gehen Sie links in die
Johannisstraße. Fragen Sie dort noch einmal. Es ist recht kompliziert.
Frau Krause: Danke schön.

HA21

Gespräch B

Frau Krause: Entschuldigen Sie. Wie komme ich zum Jobcenter?
Passant B: Gehen Sie hier links die Johannisstraße weiter, dann rechts in die Goldstraße, links in die Kommenderiestraße, noch einmal links in die Wiesenstraße und dann rechts in den
Johannistorwall. Hausnummer 56 ist gleich links zu sehen.
Frau Krause: Ah, ja, also links, rechts, links, links, rechts.
Passant B: Richtig. Also Goldstraße, Kommenderiestraße, Wiesenstraße.
Frau Krause: Vielen Dank.
Passant B: Bitte, gern geschehen.

Hören 20/21 Wo oder wohin?
Arbeitsblatt

Frau Krause sucht das Jobcenter

Gespräch A
Was sagt Passant A? Ergänzen Sie die fehlenden Wörter.

Gehen Sie hier ______________________ Innenstadt ______________________

Theodor-Heuss-Platz, überqueren Sie den Goethering und gehen Sie geradeaus

______________________ Heinrich Heine Straße. Gehen Sie geradeaus bis Sie an eine

Kreuzung kommen. Gehen Sie dann weiter durch die Johannisfreiheit ______________________

Ende der Straße. Dann gehen Sie ______________________ in die Johannisstraße.

Gespräch B
Was sagt Passant B? Ergänzen Sie die fehlenden Wörter.

Gehen Sie ______________________ die Johannisstraße weiter, dann ______________________

in die Goldstraße, ______________________ in die Kommenderiestraße und noch einmal

______________________ in die Wiesenstraße und dann ______________________ in den

Johannistorwall.

1. Suchen Sie den Weg im Stadtplan, den Frau Krause vom Bahnhof zum Jobcenter geht.

2. Dieser Weg ist viel zu kompliziert. Suchen Sie für Frau Krause einen einfachen Weg zum Jobcenter auf dem Stadtplan.

Thema des Tages: Mein Beruf in Deutschland

Kompetenzen:
thematisch: Meinen Beruf beschreiben können.
grammatisch: Wechselpräpositionen und Präpositionen mit Akkusativ.

Material	Thema und Unterrichtshandlung	Sozialform	Phasen / Ziele / Kompetenzen
LB 5.2. Fotos S. 142-145	Fotos: Was ist ein Berufsinformationszentrum? Was tun die Leute hier? Tafelsammlung: Sie informieren sich über .... (Blitzlicht)	Plenum	Die Frage klären: Wie kann man sich über seinen Beruf in Deutschland informieren?
LB 5.2.,S. 142/143 WS S. 61-64	Lesetext vorbereiten, Wortschatz in kleinen Gruppen erarbeiten und lesen üben, anschließend im Plenum lesen und darüber sprechen.	Partner kl. Gruppe anschl. Plenum	Textarbeit zum Thema.
	Kaffeepause		
LB 5.2., S.142, Internet, Wörter-buch	Einen Vortrag über den eigenen Beruf vorbereiten, eine Präsentation erstellen.	EInzel- oder Partnerarbeit bei gleichen/ähnl. Berufen	Den eigenen Beruf beschreiben.
	Kurzvorträge halten, Präsentationen vorstellen.	Vorträge/Präsentationen	Eine Beschreibung des eigenen Berufs präsentieren können.
	Kaffeepause		
ÜB 5.2. S.212-214 Übg. 12, 13	Übungen zur Präposition mit Akkusativ und Wechselpräpositionen	Einzelarbeit	Präpositionen sicher anwenden.
ÜB 5.2., S. 210, Übg. 9.	Wortbildungsübungen auf -ung.	Einzelarbeit	Selbst aus Verben Nomen machen können.

Thema des Tages: Was gibt's für mich im BIZ?

Kompetenzen:
thematisch: Weiterbildungschancen finden, Eignungstests, Bewerbungstipps finden.
grammatisch: Wortbildung, komplexe Nomen, Komposita.

Material	Thema und Unterrichtshandlung	Sozialform	Phasen / Ziele / Kompetenzen
Internet, Beamer	Mit der regionalen Seite des BIZ starten (Internet, Beamer) und gemeinsam ansehen. Frage: Wie komme ich zum BIZ? (Wegbeschreibung).	Plenum	Über das BIZ als regionale Anlaufstelle informieren.
LB 5.2., S.143/144	Lesetext vorbereiten. Dieser Text ist lang und hat komplizierte Wörter. Um das Erarbeiten zu entlasten könnte vorab geklärt werden: Was sind Eignungstests? Was sind Fort- und Weiterbildungen sowie Umschulungen? Was ist eine Bewerbung?	Plenum	Wichtiger Wortschatz / Informationen zu Fort- und Weiterbildung, Eignungstests, Bewerbung.
LB 5.2. S.143-145, ÜB S. 244, 248.	Lesetext vorbereiten, Wortschatz in kleinen Gruppen erarbeiten und lesen üben, Aufgabe zum Leseverstehen mit Antwortblatt im Übungsbuch.	Partner oder Lerngruppe.	Lesetraining, Leseverstehen im Aufgabenformat des Abschlusstests für Zuwanderer.
	Kaffeepause		
ÜB 5.3., S. 215, Übg. 14.	Übung zum selbständigen Zusammensetzen von Komposita mit oder ohne Fugen „s". Wortschatz: „Arbeitswelt." Sammeln weitere bereits bekannter Komposita und Klären der Bedeutung.	Partner oder Lerngruppe, dann Plenum.	Mit den komplexen Komposita im Deutschen, insbesondere auch im Behördendeutsch klarkommen.
	Kaffeepause		
Hören 22 LE S. 102/103	Hörverstehensübung zum Gespräch im Jobcenter: Sich arbeitssuchend melden. Aufgabenstellung nach dem Muster des Deutsch-Tests für Zuwanderer.	Plenum	Was sage ich im Jobcenter, wenn ich mich arbeitssuchend melde. (Aufgaben nach DTZ)

Hören 22 - Ein Gespräch mit einem Arbeitsvermittler

HA22

Frau Kunze: Guten Tag. Mein Name ist Kunze. Ich möchte mich arbeitslos melden.
Arbeitsvermittler: Guten Tag. Setzen Sie sich bitte.
Frau Kunze: Danke schön.
Arbeitsvermittler: Haben Sie eine Kündigung bekommen?
Frau Kunze: Ja, Freitag war mein letzter Arbeitstag.
Arbeitsvermittler: Sie wollen sicher auch Arbeitslosengeld beantragen.
Frau Kunze: Ja.

Arbeitsvermittler: Zuerst brauche ich Ihre Daten. Dann können wir ein Profil für Sie anlegen. Das stellen wir dann ins Internet und interessierte Firmen können sich dann melden. Ihr Name ist Kunze?
Frau Kunze: Ja, Christine Kunze.
Arbeitsvermittler: Was sind Sie von Beruf?
Frau Kunze: Ich bin Fremdsprachensekretärin von Beruf.
Arbeitsvermittler: Wie lautet Ihre Adresse?
Frau Kunze: Goldmacherstraße 106 in 02794 Dresden.
Arbeitsvermittler: Wann sind Sie geboren?
Frau Kunze: Am 12.03.1974.
Arbeitsvermittler: Sind Sie verheiratet?
Frau Kunze: Ja.

Arbeitsvermittler: Wollen Sie ganztags arbeiten?
Frau Kunze: Ja.
Arbeitsvermittler: Haben Sie ein Telefon?
Frau Kunze: Ja, meine Nummer lautet: 058801-4949112
Arbeitsvermittler: Sind Sie Deutsche?
Frau Kunze: Ja.
Arbeitsvermittler: Dann brauchen Sie keine Arbeitsgenehmigung.
Haben Sie Auto und Führerschein?
Frau Kunze: Ja.
Arbeitsvermittler: Haben Sie gesundheitliche Problem.
Frau Kunze: Nein. Ich bin ganz gesund.

Arbeitsvermittler: ... und Sie suchen wieder eine Stelle als Fremdsprachensekretärin.
Frau Kunze: Ja.
Arbeitsvermittler: Gut. Füllen Sie noch diesen Antrag auf Arbeitslosengeld aus und geben Sie dieses Formular Ihrem früheren Arbeitgeber. Er soll das an uns zurückschicken. Bringen Sie uns Ihre Lohnsteuerkarte und Ihren Sozialversicherungsausweis mit. Wichtig ist: Sie müssen sich regelmäßig melden, mindestens aber einmal im Monat. Wenn wir Ihnen Stellen anbieten, müssen Sie sich bewerben. Sie müssen aber auch selbst Stellen suchen. Dann bekommen Sie noch einen Termin bei unserem Arbeitsberater. Kommen Sie nächsten Montag um 9.30 Uhr zu Herrn Oberhuber auf Zimmer 107 und bringen Sie Ihren Antrag gleich mit.
Frau Kunze: Gut. Das mache ich. Vielen Dank. Auf Wiedersehen.
Arbeitsvermittler: Bitte, auf Wiedersehen.

Hören 22- Ein Gespräch mit einem Arbeitsvermittler
Arbeitsblatt 1

Der Arbeitsvermittler erstellt im Computer für Frau Kunze ein Profil.
Füllen Sie es für ihn aus:

Jobcenter Dresden

Stellengesuch

____________________ ____________________

Name: Vorname:

geboren am: ____________________

Familienstand: ____________________

Staatsangehörigkeit: ____________________

Adresse:

____

Straße Hausnr.

____

Postleitzahl Wohnort

Telefon: ____________________

Beruf: ____________________

sucht Teilzeitstelle ☐
Vollzeitstelle ☐

als ____________________

Führerschein? Ja ☐
nein ☐

Auto? ja ☐
nein ☐

Gesundheitliche
Einschränkungen ja ☐
nein ☐

Hörtext 22 - Ein Gespräch mit einem Arbeitsvermittler
Arbeitsblatt 2 (Antwortbogen im Format des DTZ)

Deutsch-Test für Zuwanderer

Modellsatz

Muster

1. Was muss Frau Kunze ausfüllen?

   a einen Antrag auf Arbeitsvermittlung

   b einen Antrag auf Arbeitslosengeld

   c Sie muss keinen Antrag ausfüllen, das macht das Jobcenter für sie.

2. Frau Kunze braucht ein Bewerberprofil im Internet. Richtig Falsch

3. Was muss Frau Kunze beim nächsten Mal mitbringen?

   a Sie muss ihren früheren Arbeitgeber mitbringen.

   b Lohnsteuerkarte und Sozialversicherungsausweis.

   c Eine Arbeitsgenehmigung.

4. Frau Kunze hat kein Auto und keinen Führerschein. Richtig Falsch

5. Wer berät Frau Kunze wann und wo?

   a Herr Oberhuber am Montag um 9.30 Uhr in ZImmer 107.

   b Niemand. Sie weiß alles.

   c Jeden Montag um 9.30 Uhr bei Herrn Oberhuber in ZImmer 107

6. Frau Kunze ist Deutsche. Sie braucht keine Arbeitsgenehmigung. Richtig Falsch

Hörtext 22 - Ein Gespräch mit einem Arbeitsvermittler
Arbeitsblatt 2 Lösungsbogen nach dem DTZ

Deutsch-Test für Zuwanderer

Modellsatz

Muster

1. Was muss Frau Kunze ausfüllen?

- [ ] a einen Antrag auf Arbeitsvermittlung
- [x] b einen Antrag auf Arbeitslosengeld
- [ ] c Sie muss keinen Antrag ausfüllen, das macht das Jobcenter für sie.

2. Frau Kunze braucht ein Bewerberprofil im Internet.

- [x] Richtig
- [ ] Falsch

3. Was muss Frau Kunze beim nächsten Mal mitbringen?

- [ ] a Sie muss ihren früheren Arbeitgeber mitbringen.
- [x] b Lohnsteuerkarte und Sozialversicherungsausweis.
- [ ] c Eine Arbeitsgenehmigung.

4. Frau Kunze hat kein Auto und keinen Führerschein.

- [ ] Richtig
- [x] Falsch

5. Wer berät Frau Kunze wann und wo?

- [x] a Herr Oberhuber am Montag um 9.30 Uhr in ZImmer 107.
- [ ] b Niemand. Sie weiß alles.
- [ ] c Jeden Montag um 9.30 Uhr bei Herrn Oberhuber in ZImmer 107

6. Frau Kunze ist Deutsche. Sie braucht keine Arbeitsgenehmigung.

- [x] Richtig
- [ ] Falsch

Thema des Tages: Im Jobcenter

Kompetenzen:
thematisch: Ein Termin beim Arbeitsvermittler
grammatisch: Präposition mit Dativ

Material	Thema und Unterrichtshandlung	Sozialform	Phasen / Ziele / Kompetenzen
LB 5.3., S. 147/148	Der Dialog im Arbeitsbuch kann gleich in verteilten Rollen gelesen werden. Er ist nicht schwer zu lesen und durch die Hörübung tags zuvor vorbereitet.	Plenum	Lesetraining. Wdh. Was sage ich beim Arbeitsvermittler?
LB 5.3. S.148	Dialoge zu zweit spielen.	Lernpartner	Gespräch mit dem Arbeitsvermittler üben.
	Kaffeepause		
GR 5.3., S. 50 WS S.65	Präpositionen mit Dativ erklären (Präsentation des Lehrers, Grammatikheft)	Plenum, Lehrervortrag	Präpositionen mit Dativ kennen lernen. Ihren Gebrauch verstehen.
ÜB 5.3. Übg. 15-19, S. 216-223.	Den Gebrauch der Präpositionen an Lückentexten kennenlernen, zunächst wird jede Präposition einzeln geübt, dabei soll der Artikel mit Dativ richtig gebildet werden. Wortschatz der Texte ist Wdh. Alltagswortschatz und unterwegs sein.	Einzelarbeit, (Selbstkontrolle mit Lösungen im ÜB)	Präpositionen mit Dativ anwenden können.
	Kaffeepause		
LB 5.3. S.150/151	Lehrer liest gut und lebendig vor. Anschließend kurze Sicherung durch fortgeschrittene Lerner, die in eigenen Worten zusammenfassen.	Plenum, Lehrervortrag	Erstes grobes Verstehen eines vorgelesenen Textes üben.
LB 5.3. S.150/151, WS S. 66-68, ÜB S.245/249	Detaillierte Erarbeitungsphase über Wortschatzarbeit und Leseverstehens-Überprüfung nach dem Prüfungsformat des DTZ.	Lernpartner oder kleine Lerngruppe.	Textarbeit, Leseverstehen eines längeren erzählenden Textes, Wortschatz „Arbeitsleben".
LB 5.3. S:150/151.	Freies Gespräch zum Text. Was ist dieser Arbeitsberater für ein Mensch? Welche Probleme und welche schönen Momente hat er in seinem Beruf. Die eigene Meinung dazu sagen...	Plenum.	Sichern des Leseverstehens und freies Sprechen / eigene Meinung sagen.

Thema des Tages: Alltag in deutschen Großstädten

Kompetenzen:
thematisch: Lebensläufe, Alltagssituationen thematisieren und reflektieren
grammatisch: alle Präpositionen von Ort und Richtung

Material	Thema und Unterrichtshandlung	Sozialform	Phasen / Ziele / Kompetenzen
ÜB 5.3. Übg. 20, S. 223	Suchsel. Ein Rätsel lösen und dabei komplexe Wörter aus der Arbeitswelt wiederholen. Möglicherweise könnte hier auch ein beratendes gemeinsames oder individuelles Gespräch über die jeweilige Lebenssituation der Lernenden folgen oder ein offener Erfahrungsaustausch.	Einzel- oder Partnerarbeit, anschl. Plenum oder individuelle Gespräche.	Wortschatz: komplexe Komposita aus der Arbeitswelt wiederholen. Reflexion der eigenen Situation anschl. mögl. / Zeit für indiv. Beratung. u. Erfahrungsaustausch.
	Kaffeepause		
ÜB 5.3. Übg. 22 S. 226	Der Text „Großstädte" soll sowohl inhaltlich erarbeitet, als auch grammatisch erfasst werden. Präpositionen einsetzen lassen und Text- sowie Wortschatzarbeit machen.	Partnerarbeit oder kleine Lerngruppe mit mind. einem Fortgeschrittenen dabei.	Einen literarischen Text erarbeiten und Präpositionen richtig anwenden.
ÜB 5.3. Übg. 22 S. 231	Text gemeinsam lesen und darüber sprechen / interpretieren / diskutieren / die eigene Lebenssituation im Herkunftsland damit vergleichen.	Plenum	Einen literarischen Text gemeinsam deuten und interpretieren und dabei die eigene Lebenssituation hier und im Herkunftsland reflektieren
	Kaffeepause		
ÜB 5.3., Übg. 21 S.224/225	„zu Hause, von zu Hause, nach Hause" richtig verstehen und einsetzen.	Plenum	Grammatikübung zu Präpositionen.
Phonetik	Wiederholen schwieriger Ausspracheübungen (s.o.), die je nach Herkunftssprache besonders schwerfallen.		Aussprache verbessern.

Thema des Tages: Die schriftliche Bewerbung

Kompetenzen:
thematisch: Zusammenstellen eines Portfolios und Formulieren des Lebenslaufs.
grammatisch: Zeitangaben mit Präpositionen machen können.

Material	Thema und Unterrichtshandlung	Sozialform	Phasen / Ziele / Kompetenzen
LB 5.4., S. 152-155	Tafelsammlung: Was brauchen Sie für eine gute schriftliche Bewerbung.	Plenum	Vorwissen zur schriftlichen Bewerbung bewusst machen.
LB 5.4. S. 152-155 WS S. 69/70	Text mit neuem Wortschatz erarbeiten, Textverstehen durch Leseverstehensaufgabe sichern.	Lernpartner oder Kleingruppe	Text erarbeiten, erfahren, wie eine schriftliche Bewerbung in Deutschland aussieht.
LB 5.4. S. 152-155	Text gemeinsam lesen, Fragen klären.	Plenum	Wissen, wie eine schriftliche Bewerbung aussehen muss.
	Kaffeepause		
LB 5.4. S. 156	Gemeinsam Todo-Liste erstellen für ein individuelles Portfolio.	Plenum	Wissen, welche Unterlagen für eine schriftliche Bewerbung zusammengetragen werden müssen (Portfolio)
Wörterbücher	Den eigenen Lebenslauf verfassen.	Lernpartner oder Einzelarbeit, individuelle Beratung durch den Lehrer.	Erste Vorbereitung der schriftlichen Unterlagen.
	Kaffeepause		
GR S. 52 WS S.63/64	Präpositionen für Zeitangaben erarbeiten (Wortschatz)	Einzelarbeit und dabei Fortsetzung der individuellen Beratung zur schriftlichen Bewerbung möglich.	Zeitangaben mit den richtigen Präpositionen machen. Während dieser Arbeitsphase weitere individuelle Beratung zur Bewerbung möglich.

Thema des Tages: Ankommen in Deutschland

Kompetenzen:
thematisch: Reflexion der individuellen Migrationserfahrung.
grammatisch: Zeiten mit Präpositionen richtig angeben können.

Material	Thema und Unterrichtshandlung	Sozialform	Phasen / Ziele / Kompetenzen
ÜB 5.4. Übg. 24 S.236/ 237	Fotos von der Ankunft am Flughafen von osteuropäischen Migranten. Die Bilder beschreiben lassen und nach der eigenen Erfahrung fragen, Zeit für längere Erzählungen lassen.	Plenum	Die eigene Migrationserfahrung schildern können und gemeinsam darüber sprechen können.
	Kaffeepause		
ÜB 5.4. Übg. 23, 25, S. 232-235, S. 239.	Präpositionen für Zeitangaben mit richtigem Kasus, mit oder ohne Artikel richtig anwenden können.	Einzel- oder Partnerarbeit	Zeiten mit Präposition richtig angeben können.
	Kaffeepause		
ÜB 5.4. Übg. 2 S.48	Lied „Maikäufer flieg“ hören oder gemeinsam singen, ein möglicher Einstieg, auch über Kriegserfahrungen zu sprechen.	Plenum	Kriegserlebnisse, Erfahrungsaustausch

Thema des Tages: Das deutsche Schulsystem

Kompetenzen:

thematisch: Unterschiede zwischen dem deutschen Schulsystem und demjenigen des Herkunftslandes verstehen und auch für die eigenen Kinder umsetzen können.

grammatisch: Wiederholung aller Präpositionen.

Material	Thema und Unterrichtshandlung	Sozialform	Phasen / Ziele / Kompetenzen
	Über das eigene Schulsystem im Herkunftsland sprechen.	Plenum	Das eigene Schulsystem erklären können.
ÜB 5.4., Übg.26, S.240/241	Das Schulsystem in Deutschland kennen lernen und dabei Präpositionen für Zeitangaben wiederholen.	Einzelarbeit	Das deutsche Schulsystem kennen lernen.
ÜB 5.4. Übg. 26 S.240-242	Leseverstehen. Das Schulsystem grafisch darstellen. Die Ergebnisse anschließend gemeinsam reflektieren.	Lernpartner oder Kleingruppe, anschl. Plenum	Das deutsche Schulsystem mit dem im Herkunftsland vgl. können und für die eigenen Kinder umsetzen können.
	Kaffeepause		
Test s.u.	Wiederholung oder gleich Wiederholungstest machen.	Plenum / Einzelarbeit	
	Kaffeepause		
Test s.u.	Wiederholungstest	Einzelarbeit	

Wichtiger Hinweis!

Das deutsche Schulsystem und weiterführend auch das Bildungssystem des tertiären Bereichs wird im 2. Band ausführlich thematisiert. Somit kann diese Übung auch wegfallen und das Thema auf später verschoben werden.

Bildquellen

Rainer Otte hat die Fotos zu diesem Lehrwerk und für die Umschlaggestaltung gemacht.
Umschlag-Layout: Arthur Otte.
Das Layout des Buches ist von der Autorin.

Folgende Fotos, Grafiken, Zeichnungen und Collagen sind Übernahmen anderer aus der Sammlung www.pixabay.com. - Die Autorin hat alle Fotografinnen und Fotografen und alle Grafikerinnen und Grafiker persönlich angeschrieben und um ihre Genehmigung gebeten. Ich danke den Künstlerinnen und Künstlern für Ihre kostenfreie Genehmigung der Veröffentlichung ihrer Bilder in diesem Kontext! Sie werden im folgenden so benannt, wie sie es auf der Plattform angeben, einige auch mit vollem Namen, andere nur mit ihrem Künstlernamen.

Icon Kaffeepause: Clker-Free-Vector-Images
Icon Hören (Kopfhörer): Clker-Free-Vector-Images

Seite 26:

Pizza: Clker-Free-Vector-Images
Suppe: Clker-Free-Vector-Images
Hexe: GDJ
Frosch: Copyright-Free-Pictures
Aquarium: Clker-Free-Vector-Images